撮影：ほりたよしか

二井原実
Photo Album1960→

母、姉と

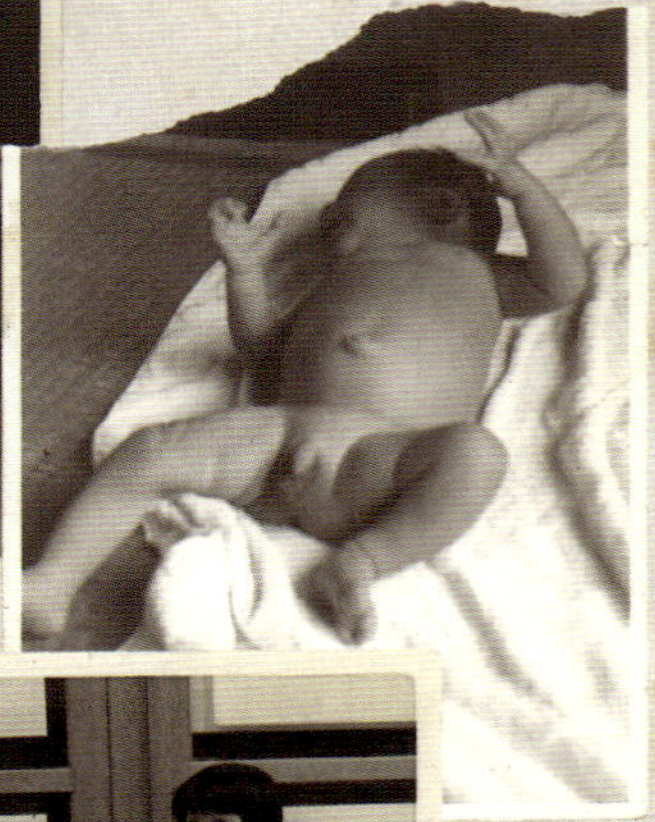

母、姉、弟と

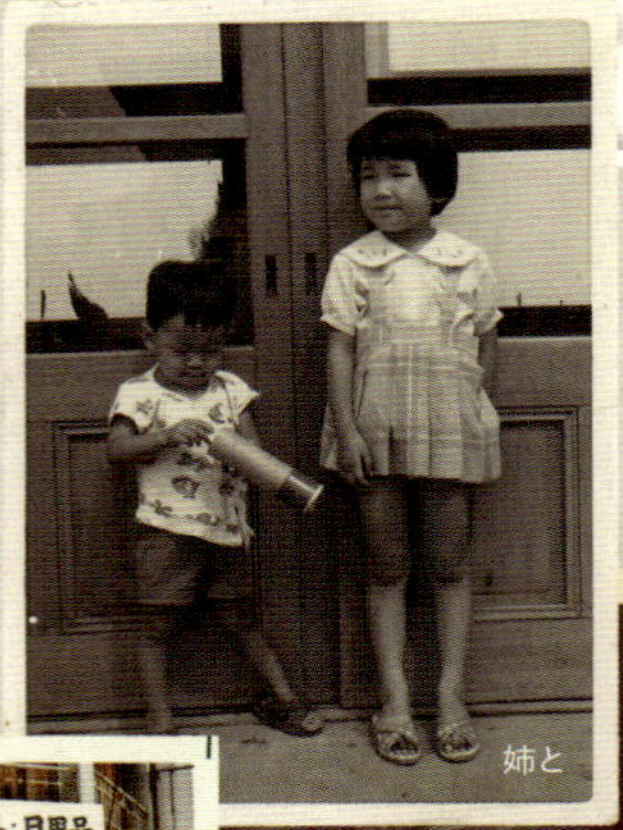
姉と

自宅（25ページ参照）

アースシェイカーでのライヴ。
右のギタリストはシャラ。

アースシェイカーで「バンド合戦」優勝を祝う
（左からシャラ、本人、わったん）。

80年代前半ラウドネス時代、母との2ショット。

大学の軽音楽部にて。ギターは藤村幸宏。

写真：Hiroyuki Yoshihama（★）、
Hiroyuki Yoshihama / YOUNG GUITAR（●）

二井原実
Photo Album1981 →

81年8月、チェスナットスタジオにて

81年8月、チェスナットスタジオで1stレコーディング

81年12月17日、浅草国際劇場でのデビューライヴ

82年4月10日、日比谷野外音楽堂ライヴ

83年、新宿ロフトにて

★ 83年、ロンドンにて

83年、京都にて

スタジオ・サウンドシティにて。『THUNDER IN THE EAST』REC中のひとこま。
プロデューサーのマックス・ノーマン（左端）、エンジニアのビル・フリーシュと

ハリウッドでのライヴ

★

86年11月25日、大阪城ホールにて

86年12月、初武道館ライヴ

写真：Hiroyuki Yoshihama / YOUNG GUITAR（●）

89年7月1日、中野サンプラザでのソロ・ライヴ。
デッド・チャップリンでもギターを担当する
Chachamaru（左）と中間英明（右）がギターを担当。

89年7月4日、
大阪国際交流センターでのライヴの楽屋。

赤坂BLITZでのSLYライヴ。

盟友、ファンキー末吉

X.Y.Z.→Aのライヴ

二井原実
Photo Album→現在

2017年12月の
『LOUDNESS Special Live 2017
～ATLANTIC YEARS～"MILESTONE"』

スペインでのライヴ

チェコのプロモーターの車(!)

2017年、オスロのHardRock CAFEにて。

マレーシアでのライヴ

スペインでのステージ

写真：Shigeyuki Ushizawa（▲）、You Masuda（◉）

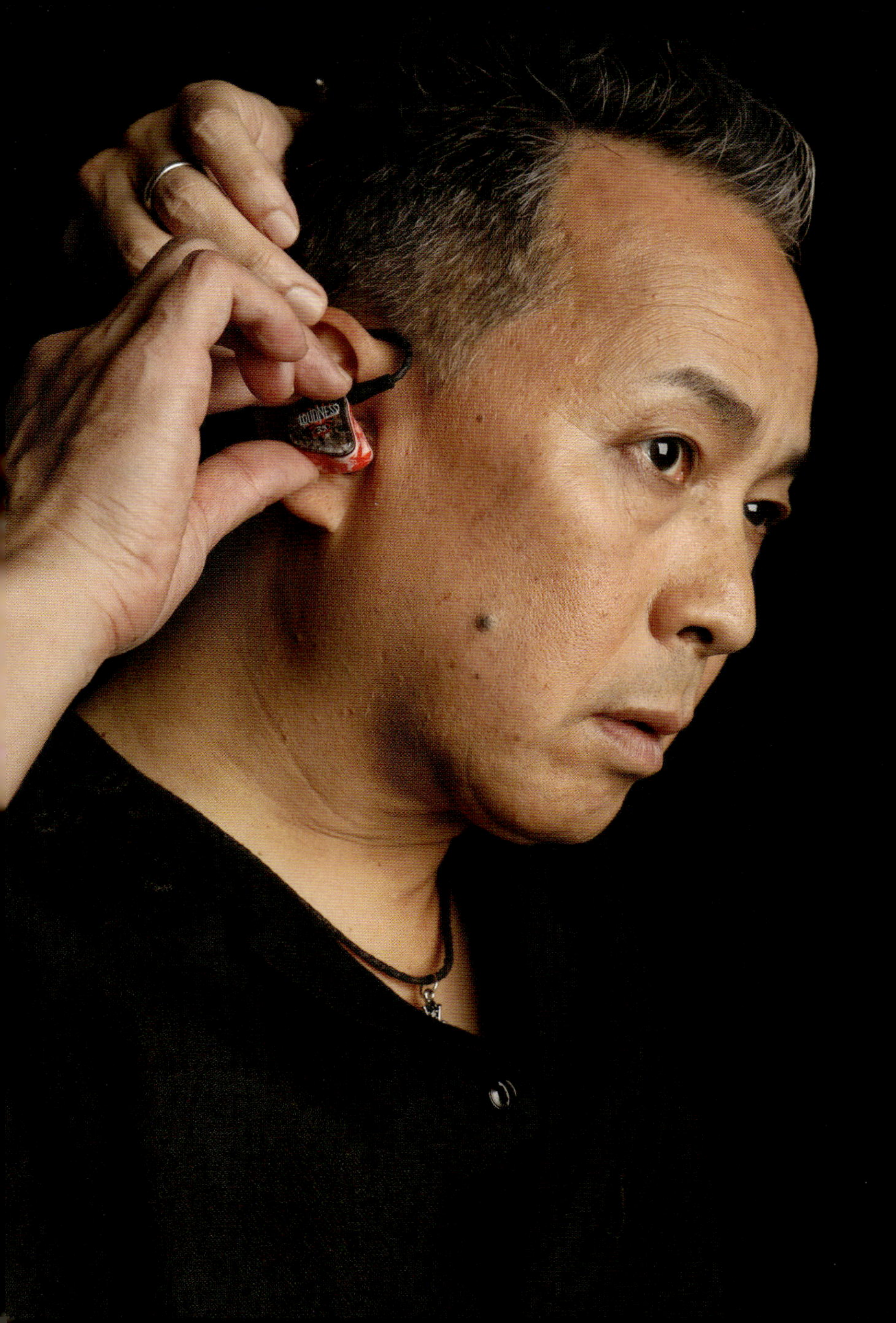
LOUDNESS

二井原実
自伝

真我
Singer

Rittor Music

序章

増田勇一

『RISE TO GLORY -8118-』と命名された約3年半ぶりのオリジナル・アルバムの登場とともに、ラウドネスの2018年が幕を開けた。その表題に絡められた数字は、デビューから今日に至るまでの37年間という年月を連想させずにおかないが、実際この作品は、彼らがその長く曲がりくねった道を経てきたからこそ生まれ得たものだといえる。集大成的な匂いというのとは少しばかり違う。むしろ、これまでの変遷を改めて自覚しながら〝今〟を体現しているかのような趣が感じられるのだ。

二井原実は、日本が世界に誇るべきこのバンドのシンガーであり、他の追随を許さない稀有なフロントマンである。日本におけるヘヴィ・メタル・バンドの歌い手というものの型がまだ存在しない時代に、彼はこの前代未聞のバンドの一員としてステージの最前線に立ち、漠然としたおぼろげな理想を追いかけながら手探りで試行錯誤を続けていた。そして彼の表現者としてのスタイルは、バンドが欧米で評価と支持を集め、見知らぬ土地のオーディエンスの前で毎晩シャウトし続けているなかで確立されてきたものだといえる。

彼はこのバンドのオリジナル・メンバーのひとりであり、言うまでもなく現在もそこに名を連ねているわけだが、ご存知の通りラウドネスの歴史には、彼が不在だったディケイドが存在する。しかしそうした時代にも彼の自己探求と模索は続いていたし、そうした過程のなかで大きな浮き沈みを経験し、一度は声を失いかけていたりもする。まさに歌い手としての地獄を見てきたわけである。

そんな彼が今現在もラウドネスの一員として音楽シーンの第一線で闘い続けているという事実は、ある意味、奇跡に等しいことではないだろうか。大袈裟だと笑われるかもしれないが、本書で彼自身が包み隠すことなく明かしている壮絶な過去に触れたなら、誰もが現在の彼が置かれた状況を、単純に幸運なものだとは感じなくなることだろう。

本書は二井原と筆者の間で幾度にもわたり重ねられてきた長い会話をもとにしながら、最終的にはそれを彼自身の手により一冊にまとめあげられたものだ。取材対象としての彼はいつもフランクに出し惜しみなく語ってくれる人物であり、サービス精神も旺盛であるため、どこまで文字にすべきか悩まされることが常日頃から多々あるのだが、それでも彼がここまで赤裸々にすべてを話してくれたことは過去にはなかったのではないだろうか。

これから3年も経たぬうちにデビュー40周年を迎えるラウドネスは、まさしく生ける伝説のような存在でありながら、今も結成当初と同様に世界へとその視線を向け、虎視眈々とチャンスをうかがい、欧米のレジェンドたちとも彼ら自身の影響下にある世代とも異なった独自のスタンスで新たな栄光を目指している。そして年齢的には還暦に近付きつつある二井原自身もまた、誰も足を踏み入れたことのない未踏の領域へと歩みを進めている。今も世界に向けてシャウトし、明日に向け手を伸ばし続けているこの稀有なシンガーの、真の姿と向き合っていただければ幸いだ。

目次

第一章 誕生前夜

THE BIRTHDAY EVE

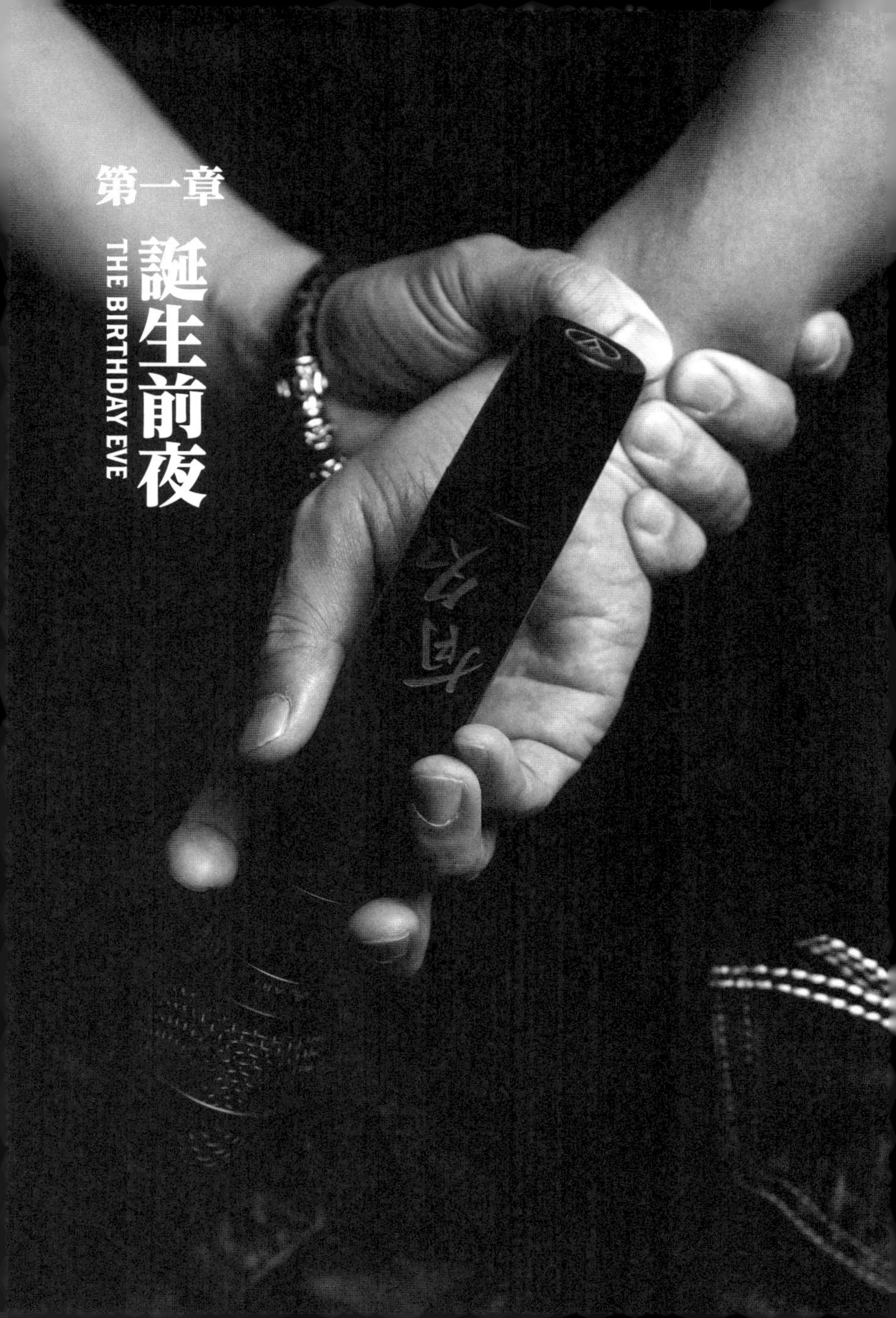

音楽との出会い、目覚め

二井原実の半生記。言葉にすると簡単だけども、僕自身の人生もとうに半世紀を超えているわけで、かなり長い話になるはずだということをまず覚悟しておいて欲しい。それから、おそらくあちこちで話が脱線を繰り返すであろうことも。

僕は1960年、すなわち昭和35年の3月12日、大阪市住吉区に生まれた。1歳を越えたある日、高熱を出した。親が近所の病院へ連れて行き、そこでは「感冒」と診断された。数日、自宅安静を続けるも、高熱が下がらず、今で言うセカンドオピニオンを受ける為に、別の病院へ連れて行かれ、そこで「急性灰白髄炎（ポリオ）」であると診断され即入院となった。無事に回復・退院するも、その後、左下肢麻痺の後遺症が出る。幸いにも、麻痺は非常に軽微であったため、野球やサッカー、水泳など、スポーツ少年時代を送った。

近所にはわりとガラの悪い人たちも多く、小さい頃、銭湯に連れて行かれた際に、父親に向かって「なんでお父ちゃんの背中には絵が描かれてないの？」と尋ねた記憶があるくらいだ。もちろんそこで、親父が返答に困っていたことは言うまでもない。

親父は、僕が生まれた当時は会社勤めをしていて、家具などを作っていた。ところが僕が幼稚園児だった時分に引っ越しをすることになり、どこに行くんだろうと子供ながらにワクワクしていたら、目的地はなんと隣りの家。実は煙草屋を営んでいた隣人が廃業することになり、その店舗を買い取って商売を引き継ぐことになったのだった。だから当時の僕は、角の煙草屋のせがれ。高校生時代まではずっとその家で育った。

当時の日本はまさに高度成長期。家のまわりの道もまださほど舗装されていなかったし、三輪トラックなんかが普通に走っていた時代だ。僕はよく、ベーゴマやビー玉で遊んでいた。あとは鬼ごっこ、かくれんぼ、三角野球。子供の頃に家に黒電話が入ってみんなが大喜びしていたことはよく憶えているし、テレビはもちろん白黒だった。日本が終戦を迎えたのが１９４５年のこと。僕が生まれたのはそれからわずか15年後ではあったけども、それは戦争の傷跡がようやく癒え始め、世の中が整備され、人々が普通の生活を取り戻しつつ豊かになり始めた頃だったのかもしれない。

小学生時代のことで鮮明に憶えているのは、１９７０年に大阪で万博が開かれたこと。おそらく20回ぐらいは会場に通ったと思う。月の石が展示されたアメリカ館をはじめとする人気パビリオンは長蛇の列で、展示を見るのに半日かかったりする場合もあった。それがちょうど、僕が10歳になった頃のことだった。

1972年ミュンヘンオリンピックの時、我が家に初めてのカラーテレビが来た。カラーテレビには驚きの連続だった。特に、プロレスでの血まみれになるレスラーには衝撃を覚えた。

特に音楽好きな子供というわけではなかったけども、家にはまるで棺桶みたいな家具調のステレオがあり、しかもそれがLPを5枚重ねてセットして連続再生できるような機種で、映画音楽などが好きだったおふくろが、ポール・モーリアとかをよく聴いていたものだ。母親は、特にポール・モーリアの「涙のカノン」が大好きで、その曲ばかり聴いていた。その影響で僕は映画音楽に夢中になった。ちなみに、その「涙のカノン」から娘の名前を「カノン（果音）」と名づけた。我が家は、演歌やいわゆる歌謡曲がかかることは、あまりなかったように思う。

親父のほうについては、あまり音楽好きという印象がなかった。ただ、これはのちに親父が亡くなる直前に知ったことだけども、実は彼は、ミュージシャンになることを目指して広島から大阪に出てきた人だった。おふくろとは、見合い結婚。ギターを弾きながら歌う、田端義夫さんの弟子入りを志願していたらしい。ただ、結果的には断られてしまい、夢を諦めることにならざるを得なかった。当時の親父の写真を見てみると、エルヴィス・プレスリーのような髪型で、なかなか派手な格好をしていて、僕が言うのもおかしな話だが、結構いい男だったりもする。当時なりにナウかったんやろうとも思う。

そんな親父の事情もあって、家には普通にギターが転がっていた。どうして我が家にそんなものがあるのかについては考えもしなかったけども、二井原家は〝音楽のある家庭〟ではあったし、僕自身も子供ながらにいろんなものを聴いて楽しんでいた。音楽にのめり込んでいくきっかけになったのは、３つ上の姉貴が中学に上がり、洋楽に目覚めたこと。彼女はモンキーズに夢中になって、寝ても覚めてもモンキーズという具合だった。当時はモンキーズのテレビ番組があり、それを僕も姉貴と一緒になって何の抵抗もなく見ていたし、彼女がラジオの洋楽ベストテン番組を聴きながらノートにチャート記録を付けているのを見ながら「何をやってるんだろう?」と思っていたものだ。すると同じ頃に、フォーク・ブームが到来した。姉貴がギターを弾きながら「戦争を知らない子供たち」とかを歌うさまを横で見ながら、僕は「ギターを弾きながら歌えるなんてカッコいい!」と思うようになっていた。

アイドル歌謡の類いには、あまり興味がなかった。ルックス的には麻丘めぐみが好きやったけども。子供ながらに「曲がいいな」とか思ったのは、むしろ坂本九さんとかだった。しかし中学に進むと、一気に世界が広がっていく。僕が通うようになったのは、一学年だけでも20クラス以上ある、テレビのニュースで〝日本一のマンモス校〟として取り上げられるぐらいの中学だった。だから全校で80クラス近く、全校生徒が4千人近くいたし、当然のように同級生たちのなかにも音楽ファンがたくさんいた。

杉田二郎、六文銭、五つの赤い風船、よしだたくろう（のちに漢字表記の「吉田拓郎」に）、泉谷しげる、小室等……フォーク・ブームの流れもあって、みんなそういった人たちを真似てギターを弾き始めていた。もちろんキャロルも人気があったし、洋楽にもみんな興味を持つようになっていた。そんななか、僕にも洋楽好きの友人ができて、そいつを通じてビートルズを知り、そこから世界が変わっていった。彼の兄貴というのがハード・ロックやプログレに精通した人で、兄から弟へと教えられたレッド・ツェッペリンやピンク・フロイドのすごさが、僕にまで伝わってくるようになったというわけだ。大阪というのは地域的にも昔からフォークやブルースが盛んで、街を歩く若者が楽器を抱えているというのは当時から当たり前の風景だった。同じように僕のまわりにもフォーク・

ギターを持っている友達がたくさんいたし、音楽が盛んな環境ではあったと思う（ちなみに、中学に入ってすぐに、同じ学年の女の子に片思いを始めた。本格的に女性を意識したのはこの時が初めてだと思う。その娘の事は中学3年間ひたすら思い続けた。初めての作曲も、フォーク・ギターで作ったその娘への切ないラブソングだった。結局、一度もまともに話すことも無く、中学卒業を迎えた。今でも、その時の甘酸っぱい気持ちは昨日のことのように憶えている）。

とはいえ中学時代の僕は、音楽方面のクラブではなく剣道部に所属していた。剣道歴は実は古くて、小学3年の頃から始めていた。ご存知の通り、剣道というのは声をちゃんと出さないと駄目だったりするもの。だからそれをやっているうちに、通りのいい声の出し方というのが自然に身に付いていた。そのデカい声でフォークを歌い、洋楽を聴きあさる毎日だったが、そんな様子を目の当たりにしながらおふくろも心配していた。ジャケット写真に納まっている長髪のバンドの写真を見ながら「あんた、こんなふうになったらアカンで！」と。同時に僕は、この種の音楽はデカい音で聴くのがいいんだということに気付いてしまっていた。たまたま何かの間違いでステレオの音量を馬鹿デカくしてしまったことがあり、その時に低音がズンズン響くのを聴きながら「なんてカッコいいんだ！」と感じてしまったのだ。もちろん煙草屋を営む母親からは「商売の邪魔や！」と叱られたものだし、隣の喫茶店の店主からもよく苦情が来ていたようだけども。

二井原家にはギターだけではなく、姉貴がずっと習っていた都合でピアノもあった。中学に上がって洋楽とフォークに夢中になった僕は、その姉貴の目を盗んでギターをいじるようになっていたが、同時にピアノへの興味も持ち始めていた。そこで親に「習いたい！」と直談判し、ピアノの先生のところにも出向いてみたのだが、そこであっさりと断られてしまった。「あんたは無理や」と。おそらく僕自身が、あまりにも落ち着きのない少年だったからだと思う。ただ、それでも諦めきれなかったから、姉貴がレッスンから帰ってきて復習するのを横から見て、見様見真似で弾くようになった。だから、楽器への興味というのは当時から持っていたんだと思う。

そして中学2年の時、初めて自分の楽器を手に入れることになった。僕が手にしたのは、ベース。自分で選んだというよりは、ビートルズ好きの友人から「俺はジョン・レノンをやりたいから、おまえはポール・マッカートニーの役をしろ」と言われたまでのことで、ベースというのがどういう楽器なのかもわからぬまま買ってきて、そいつと遊んでいた。結果、そこで4人分のパートが揃うことはなく、2人だけで夢を語りながら終わってしまったけども、幸いなことに僕がベースを所持しているという話は勝手に広まっていて、ギタリストがたくさんいるわりにベーシストは少なかったものだから、ギターを弾ける他のやつらからも声をかけられるようになった。そんな友人のひとりからコードの概念を教えてもらったりして、自分でも結構弾けるようになったつもりでいたけども、実際には酷いものだったのだろうと思う。それを裏付けるように、当時、音楽の先生の前で演奏して大爆笑されたことがあった。それでも、先輩とか友人の兄貴たちのなかには上手い人が結構いたし、そんな人たちからも教わりながら、中2～中3の頃にはなんとなく演奏の仕方が身に付いていていた。もっと上手くなりたい、という気持ちも強まっていたと思う。

当時の僕は本当に、剣道をやる以外は音楽漬けの毎日だった。レコードを擦り切れるぐらい聴いた、なんて言い方をすることがあるけども、実際いつも学校から夕方4時くらいに帰宅すると、就寝前の午前1時頃までずっとヘッドフォンで音楽を聴き続けていたように思う。正月にお年玉をもらうと近所のレコード屋さんに行って、そこで買ったLPを何度もずっと聴き倒していた。ほどなくラジカセを手に入れて、友達から借りたレコードを録音するようにもなった。英会話の教材用みたいなテレコではあったけども、再生スピードを調整することができる機能付きだったのが都合良かった。というのも、友人から「再生速度を上げるとベースが浮き上がって聴こえてくる」という話を聞かされ、試してみたら実際そうだったから、そうやって自分の弾くべきフレーズを拾うことができたのだ。そうやって覚えたフレーズを、今度は再生スピードを落としながら合わせてみたり。もちろん速度を変えるとキーも変わってしまうわけだが、そうやって練習することができた。そんな具合にあくまで我流ではあったけども、当時から自分なりに研究はしていたと思う。

当時ありがたかったのは、確かFMで毎週、洋楽のLPを丸々1枚かけてくれる番組があったこと。そんなに何枚も買えるわけじゃないし、その種の番組はよくエアチェックしていた。NHKのテレビでは『ヤング・ミュージック・ショー』というのをやっていて、その番組を通じていろいろなバンドのライヴにも触れることができた。今みたいにパソコンでインターネットを通じて手軽に何でも見られる時代ではなかったし、あれは本当に貴重だったと思う。

中学時代の僕がいちばんよく聴いていたのは、レッド・ツェッペリン、ボブ・ディランとザ・バンドのライヴ盤、ピンク・フロイド、そしてビートルズということになるだろう。ビートルズについては、前期のロックンロール色の濃い作品はあまり好きではなくて、むしろ後期の実験的なアルバムに嵌まったものだ。アルバムごとに傾向が違っていて面白かったし、今でもビートルズのアルバムを聴くと、当時のことを思い出して胸がキュンとしてしまう。それから、さきほども話に出てきた友人の兄貴には、すごく影響されたと思う。彼はクラシックもよく知っていたから、僕が何かプログレのアルバムを気に入ったりすると「だったらこのクラシックも聴いてみろ」と言って貸してくれたりもしたのだ。少年期の自分がいちばん音楽的な影響を受けたのは、実は彼だったかもしれない。

ただ、そんな音楽漬けの日々ではあったけども、歌というものへの興味はまださほどなかった。剣道をやっていたおかげで、みんなよりデカい声が出るのはわかっていたし、平均よりもキーが高いらしいということにも気付いていた。なにしろ音楽の授業で合唱する段になると、何故か僕だけ男性キーで上手く歌えないのだ。声自体については、中学時代の変声期にもそれ以前と同じ調子で「いやーっ！」と剣道を続けていたせいでハスキーになり、そのまま現在に至っているようにも思う。とはいえ、よくよく考えてみると、亡き親父も同じような声をしていたから、これは二井原家の声帯なのかもしれない。

その真相はどうあれ、自分の声がどうやら特殊らしいという認識は、中学時代からあった。フォークの弾き語りをするにしても、杉田二郎とか井上陽水みたいに甘い声で歌うのには無理があったし、むしろ泉谷しげるの真似をして「うわーっ！」と歌うのが好きだった。しかもキーを上げて、シャウト気味に。ただ、そういった声の出し方自体は、剣道をやっていた頃とまったく同じもの。つまり、小学校3年生の時から培ってきたものが、自分の歌い方のベースにはあるというわけだ。しかも当時からごく自然に音楽的な環境というのが自分のまわりにはあったわけで、なんだか運命的なものを感じてしまう。

　そもそも剣道を始めたのは、家の近所に同好会のようなものがあって、そこに友達と一緒に参加することになったからだった。毎朝、学校に行く前に公園に集まり、30分だけ竹刀を振って、というような具合だった。そして数年後、剣道人気が爆発することになる。というのも、森田健作主演の『俺は男だ！』という学園ドラマが大ヒットして、主人公が剣道部所属という設定だったためだ。だから中学1年の時は、新入生の剣道部員が200人ぐらいいた。全員が、森田健作の真似をしていた。でも、半年もしないうちに3分の2くらいが辞めてしまった。僕自身はもちろん、3年間やり抜いたけども。

とはいえ、部活はともかく勉強のほうは全然駄目だった。勉強なんかする時間があるなら音楽を聴く、という調子だった。おふくろには「あんた、音楽ばっかり聴いて」といつも怒られていたけども、音楽以外のことにはまるで興味が湧かないというのが正直なところだった。そう考えると、中1の時にビートルズを教えてくれた友人と出会ってなかったら、どんな人生になっていたんだろうと思わずにいられない。身のまわりにはいわゆるヤンキーも多かったから、それこそバイクとかに夢中になっていたのかもしれない。でも僕の場合は、普段の学校生活のなかでも、音楽好きな仲間とつるんで話をすることが楽しかった。それこそ洋楽誌の『ミュージック・ライフ』の誌面を眺めながら。今にして思えば、のちに出てくる『ロッキング・オン』などと比べるとかなりミーハーな雑誌だったけども、それが当時の僕には楽しかったし、あの誌面で紹介されるバンドのことは全部知りたくなったものだ。エルトン・ジョン、ロッド・スチュワート、ドゥービー・ブラザーズ……。そうこうしているうちにクイーンやキッス、エアロスミスが人気者になって、それを追うようにベイ・シティ・ローラーズが登場してきて……。

中学時代にはろくに勉強をした記憶がない。ところが、そんな僕が、進学校として知られる上宮高校に何故か進んでしまった。中学の先生からは「学力的に明らかに無理」

と言われていたのにもかかわらず。一応、中3の夏ぐらいから、遅ればせながら受験勉強に取り組んではいたが、先生からは「工業高校か定時制、もしくは名前さえ書ければ入れるような新設校にしておけ」と助言されていた。なのに合格できたのは、もしかすると当時から、本番に強いタイプだったからなのかもしれない。しかしそれ以上に思うのは、運命というのはある程度、何かによって導かれていくものなのかもしれないな、ということ。その高校に進んでいなかったら、僕は今頃、間違いなくまったく違う人生を送っていた。なにしろ僕はそこで、石原慎一郎という男と出会うことになるのだから。

シャラとの日々、そして上京

高校進学と同時に、僕の本格的なロックの生活が始まった。男子校である上宮高校、今では野球の強豪としても知られているが、その頃は偏差値の高い進学校だった。自由な校風で、ロングヘアーの先輩もチラホラいた。まず入学直後に全新入生が文系と理系に分けられる。僕は当初、「医者になりたい!」とか訳のわからないことを言っていて、得意でもないのに理系コースに進もうとしていた。案の定、最初の学力テストで理数系がまったく駄目だということが露呈して、担任の先生からも「気持ちはわかるけども、今からそっちを目指すのは無理やから」と言われて文系に進むことになった。

そしてこの高校では、「クラブ活動」という授業があった。僕は当然のように軽音楽部的なものに入ろうとした。最初の授業の日、まず全員が自己紹介をさせられた。何かできる者はその場で演奏するなり歌うなりしてみてください、と。僕はその場で、泉谷しげるの「春夏秋冬」という曲を弾き語りで歌った。クラブ授業後、「おまえ、すごい声をしてるな！」と言ってきたのが、同学年で違うクラスにいたシャラこと石原愼一郎だった。シャラと初めて出会った瞬間である。少し大袈裟な言い方をするならば、世界で初めて僕の声に注目したのが彼だった、ということになると思う。僕自身は中学時代から引き続きベースをやるか、もしくはアコースティックでフォークをやるつもりでいたけども、そこで彼は「おまえ、ヴォーカルのほうがええんちゃうか？　一緒にバンドやろうや」と言ってきた。ただ、自分ではヴォーカルをやれる自信もなかったから「それは勘弁。とりあえずはベースを弾かせてくれ」と言って、彼と一緒にそのクラブ内で〝1年生バンド〟を組むことになった。

ただしこの学校には、いわゆる「軽音クラブ」は無く、あくまでも授業の一環としての「軽音クラブ」だった。「1年生バンド」で放課後に練習をやりたいということで、音楽の先生に頼み込んで「軽音クラブ」を作ったんだ。部員は我々1年生だけの「軽音クラブ」は楽しかった。放課後はどこか空いている教室に楽器を持ち込んで、「バンド練習」に励んだ。ちなみに、その1年生バンドは、全員が〝いのしし年〟ということで〝WILD BOAR（イノシシ）〟と名づけられ、僕にとって生まれて初めてのロック・バンドとなった。レパートリーはシャラが中心となって決められ、ハード・ロックが中心だった。それまで、僕にとってハード・ロックはあくまでも聴くものであり、演奏するものではなかったけれど、ついにハード・ロックが自分の生活の中に入ってきたんだ。レパートリーはモントローズ、キッス、UFOが中心で、ディープ・パープルやレッド・ツェッペリンといった超技巧を要する本格的なバンドより、どちらかというと簡単で楽しいハードなR&Rの曲が多かった。

「軽音クラブの〝WILD BOAR〟」結成から半年が経った頃、バンド練習の成果が発表できる文化祭がやってきた。当然、〝WILD BOAR〟としてライヴを開催したんだけど、それが僕にとっては生まれて初めてのロック・ライヴだった。16歳という多感な時期に、時間を忘れて一心不乱に練習し、夢中になれることに出会えたのは幸せだったと思う。

実は、上宮高校の周辺には女子高がたくさん点在していて、男子校である上宮高の文化祭には、生徒数の何倍もの女子高生で溢れ返っていた。〝ＷＩＬＤ ＢＯＡＲ〟のライヴにも女子高生がたくさん観に来てくれて、そんな女子高生からの熱い視線を浴び、のぼせ上がったのは言うまでもない。文化祭は２日あって、物好きな女子高生の中には追っかけのように〝ＷＩＬＤ ＢＯＡＲ〟のライヴに来てくれた娘もいた。文化祭が終わっても数日は数人の女子高生たちが放課後の校門の所で我々を待っていたり、ちょっとした人気者の気分を味わった。「ロック・ミュージシャンはもてるんやな」って心の中で何かが弾けた音がした！　ちなみに、シャラの人気は高く、当時、坊主頭の僕にも友達以上ガールフレンド未満の仲の良い娘が出来たのは奇跡だった。

実際のところ、軽音バンド〝ＷＩＬＤ ＢＯＡＲ〟は、まともに演奏できる人間はシャラ以外いなかったし、当然、僕のベースの腕前も酷いものだったけれど、シャラは僕の「声質」に魅力と可能性を感じていたようで、僕の声でロック・バンドをやってみたいと本能的に思っていたのではなかろうか？　シャラのバンドへの情熱は凄まじく、高校

2年の頃には、すでにプロ・ギタリストとしてやっていく覚悟を決めていた。ある日、「ニイちゃん、プロを目指せるバンド、真剣にやろうや！」と打ち明けられた。僕はそんなシャラの情熱に引きずられるまま、バンド活動に没頭するようになった。正直、僕には「プロのロック・バンド」という言葉に実感も無く、あまりよく理解はできていなかったけれど。

そして軽音バンド〝WILD BOAR〟とは別で本格的なバンドを組むことになった。シャラの友達で、シャラより上手いと言われていたギタリストのN君を誘い、同じ上宮にいたドラマーのA君、そして僕がベース（ついでにヴォーカルも）とシャラの4人で〝尻無し川ブルース・バンド〟を結成した。ブルース・バンドとはいえ、やっている曲はモントローズの「I GOT THE FIRE」など、ガチガチのハード・ロックばかり。練習は大阪の大国町にあったヤマハのスタジオが中心だった。もちろん僕にとってスタジオで練習するのは初体験で、練習の初日は緊張でガタガタと震えていた。その練習スタジオのロビーでは、当時僕の憧れのバンドだった、〝上田正樹とSOUTH TO SOUTH〟の上田正樹氏とバンド・メンバーが談笑していたりして、その現実に怖くなった。

〝尻無し川ブルース・バンド〟は結成間もなく、「高校生バンド合戦」というアマチュアバンド・コンテストにエントリーした。その審査委員長だったギタリストの石田長生氏から「ベースのキミ、ベースはあかんけど、おもろい声してんなぁ……ほんま、凄い声やわ！　その声大事にしいや！」と褒めてもらい、なんと〝尻無し川ブルース・バンド〟は優勝した。憧れのギタリストである石田長生氏から「声」を褒められたことで、自分の声は何か特別なものがあるかもという思いが大きくなった。というのも、文化祭での初めてのコンサートで歌った時「会場の空気が変わった」のを感じたし、その「高校生バンド合戦」でも審査員や参加ミュージシャンの表情が変わったのを感じていたからだ。

〝尻無し川ブルース・バンド〟は優勝したけれど、音楽性の違いが理由で、ギタリストN君とドラマーA君が脱退、バンドは自然消滅した。

でも意気消沈することなく、シャラは「大学生を入れてもっと上を目指そう！」ということになり、楽器屋さんのメンバー募集で大学生のドラマーが加入、高校生バンド合戦の時に別のバンドで歌っていたO君というヴォーカリストを引き抜き、新たなバンドを結成。そして、その新たなメンバーと京都の某所で夏合宿をやったんだけど、合宿中に意見の相違で空中分解、再び、僕とシャラは2人だけになる。

そして気が付けば、ロック漬けだった高校の卒業の日が来た。高校入学でロック・ミュージシャンに目覚め、高校3年間は文字通り楽器と格闘する練習漬けの毎日だった。高校2年生の時には、エアロスミスやキッス、レインボーといった来日する海外ロック・バンドのコンサートを初めて観た。席は大抵3階の後ろの方とかだったけど、それでもあまりのカルチャー・ショックに茫然自失、彼らは別の星から来た人達だと思った。ロックが好きでロックをやっているのか、何かに導かれロックをやらされているのか、そんな答えも無く、ただ無我夢中の3年間だった。そして、シャラは大阪の大学へ、僕は京都の大学へ進んだ。

大学入学前の春休みに、僕とシャラは初めて外国の楽器を買った。僕はミュージックマンのスティングレイ、シャラはギブソンの白のフライングVだ。そして僕はハイワットのベース・アンプ、シャラは3段積みのマーシャル・アンプを買った。僕はその費用のために、ビルや駅のトイレの清掃、工場での肉体労働のアルバイトに励んだ。楽器を買った時は、いよいよ引き返せない世界に入り込んだという不安と嬉しさが入り混じった、複雑な気持ちだったのを憶えている。同時に、シャラと凄いバンドを作るんだという決意も芽生えた。

大学入学後間もなくは、いつもシャラと行動を共にしていて、メンバーを探すべく楽器屋さん巡りをやっていた。「メンバー募集」の張り紙をチェックしては、そこへ連絡を入れたりする毎日を送っていたけど、目ぼしいミュージシャンとの出会いは無かった。

そんなある日、大阪梅田のある楽器屋さんで、何を思い立ったのか、シャラがやおらノートの切れ端に「ドラマー！シンガー！募集！」と汚い字で殴り書き、それを楽器屋の壁に張り付けたのだ。「ニイちゃん、これでメンバー見つかるで！」というシャラの一言に「……おぉ……そやな」とうなずくしかなかった。でも強い思いは実現するもので、シャラの殴り書きの切れ端を見た兵庫の芦屋に住むドラマーから連絡が来たのだ！シャラの本能はこの展開を知っていたのかのようだった。

「わったん」というあだ名の付く、その芦屋のドラマーも大学新1年生で、芦屋の丘に立つ彼の実家の大邸宅には、バンドのリハーサルができる大きな部屋があった。

わったんに初めて会った時、「あのノートの切れ端の汚い字の殴り書きでよう連絡取ってきたな……」と言った。「そうやねん……どうしようかちょっと迷ったけど、逆にあれが良かったんや！」と言って笑う彼とはすぐに意気投合した。

わったん加入後、「どうせやったらバンド名も考えようや！」とシャラが言い出した。

シャラにはすでにバンド名のアイデアがあって「LONSOME CROWかY&Tの曲からアースシェイカーがエエと思うねんけど」と提案。そこで即座に〝アースシェイカー〟に決まり、〝アースシェイカー〟が誕生することになる。

わったんの家のリハーサル室で3人でリハーサルを始めた僕達は、オリジナル曲にも挑戦し始めた。同時にヴォーカリストも募集したけれど、結局、目ぼしいヴォーカリストは現れなかった。ヴォーカリスト候補の人達が必ず言っていたのは「こんな高いキーでは歌えへんわ」ということ。ところが僕の場合、歌ってみると「どこが難しいのかな?」という感じだった。サミー・ヘイガー、イアン・ギラン、ロバート・プラントのキーが問題なく歌えていた僕には、洋楽ハード・ロックのコピーをする際の難関のひとつであるハイトーンが普通に出てしまっていた。シャラからは「日本人でこういう声出るやつ、なかなかおらへんぞ」と言われて、僕自身としてもまんざらでもない気分だった。それで結局、ベースとボーカルをすることになったのだ。

3人組〝アースシェイカー〟はいよいよ活動を本格化させる。まず手始めに、神戸のヤマハで開催されていた「バンド合戦」というコンテストに出て優勝、その優勝がきっかけで、神戸での大きなロックフェスへの出演が決まった。そのフェスには、当時関西で絶大な人気のあったハード・ロック・バンド〝山水館〟、カリスマ的な人気のプログレ・バンド〝シェラザード〟、馬鹿テクの菅沼孝三がいた〝ノイズ〟などが出演、無名の3人組〝アースシェイカー〟もこのライヴで話題になった。会場にはのちに〝アースシェイカー〟のヴォーカリストになるマーシー（西田昌史）もいた。大阪の森ノ宮の青少年会館という会場でのイベントにも〝アースシェイカー〟は出演したのだが、その時に会場にいたのがマーくんこと山下昌良君で、マーくんは僕の声を聴いて大変な衝撃を受けたらしい。それで後にタッカン（高崎晃）にヴォーカリストの候補として「二井原」を推薦してくれることになる。この頃には、大阪の老舗ライヴハウス「バハマ」での出演を定期的に行い、着実に活動をしていたけど、大学2年生になる時、ドラマーのわったんがアメリカへ留学することになり脱退、代わりに当時シャラと同じ大学に通っていた工藤義弘が加入した。

この頃、僕がすごく影響を受けていたのは、洋楽よりもむしろ当時の関西フォークとかブルースだった。当時、関西のブルースはすごく熱かった。上田正樹、憂歌団……。そういった人たちの歌がものすごく好きで、それが自分の表現のルーツになっていると思う。よく僕の歌唱スタイルについてソウルフルとかブルージーと言われることがあるけども、理由もそこにある。オーティス・レディングとかB・B・キングももちろんだけども、まずはそういった〝身近なところにいたすごい人たち〟からの刺激が大きかった。

上田正樹の追っかけのような真似をしていたこともあったし、京都のウエスト・ロード・ブルース・バンドとか、大学生の人たちがやっているバンドとかに足繁く通っていた。いつも最前列の、唾がかかりそうな席に陣取って、歌い方ばかりじゃなく、MCの間の取り方なども学んでいたと思う。とはいえ、向学のために観るという意識ではなかったし、単純に、すごく好きだったものを自然に吸収していたんだと思う。ああいうふうに歌えるようになりたい——そう思ったからこそ真似もしたし、LPを聴くことよりもライヴに通うことが大事だと思えた。それが結果、自分の血になり、肉になってきたんじゃないだろうか。シャラとも何度か一緒に観に行ったりした。彼はむしろ「俺はブルースじゃないな。やっぱりロックや」という感じだったけども。

そして大学に進む頃には、僕はいっそうブルースに傾倒するようになっていた。しかも僕の声について噂を聞きつけて、引き抜きというわけじゃないけども、あちこちから「うちで歌ってくれないか?」という話が来るようになった。大学入学直後には、京都で結構名の知れていたソウル・バンド、Ｓｏｕｌ‐Ｄｏｏ‐Ｏｕｔから声をかけられた。僕自身、ソウルなんか歌ったことはなかったけども「おまえの声やったらいけるから、是非」と言われて、結果的にはそこで歌の〝いろは〟を学ぶことになった。男性2人、女性2人、自分も含めて4人ヴォーカリストがいたんだけども、みんな同い年なのにめちゃくちゃ歌が上手くて、まだまだ〝声が高いだけの男〟に過ぎなかった僕にとっては、とても刺激になった。今にして思えば、みんな早熟だったんだと思う。その頃にいろいろな音楽に触れ、いろいろな楽曲を歌うようになったことも、とても勉強になった。

ソウル方面に進むにあたって、シャラには「もうアースシェイカーを辞めたい」と申し出ていた。当時の僕には純粋に、ハード・ロックよりもそっちのほうが音楽として魅力的なものとして映っていた。歌を歌いたい、という願望が強まっていたんだと思う。高校在学中いっぱいはいつもシャラと一緒にやって、学園祭に出たり、ちょっとした手作りのコンサートを開いたりもしていたけども、卒業と同時に僕は大学進学の都合で京都に住むようになり、大阪の大学に進んだシャラは大阪に住んでいたという事情もあった。アルバイトも京都でしていたし、彼女も京都にいた。しかもバンドを4つぐらい掛け持ちしていた。当時の僕は、ひとつのバンドに専念するよりも、いろいろなことをしてみたかったんだと思う。そしてシャラは、マーシーたちと新たなアースシェイカーを始めていく。

大学の軽音楽部では、Ｃｈａｃｈａｍａｒｕ（藤村幸宏）と出会うことになった。彼とはのちに、長い時間を隔てて再合流することになるわけだけども、当時は1年ちょっとしか一緒にやっていなかった。彼がギターを弾き、僕はそこではベースを弾きながら歌っていた。クラブ内での僕ら２人は協調性に欠けていたというか、1年生のくせに恒例行事などにはろくに参加せず、たまに顔を出せば延々と好き放題ジャムをしているという具合だったから、先輩方からは煙たがられていたはずだし、「おまえらは出てきても練習禁止や」とまで言われていた。要するに、出過ぎた杭が打たれた感じ。ただ、自分としてもむしろその枠のなかで活動するよりは、他の大学の軽音の精鋭たちと組んでやるほうが刺激的だった。

僕が進んだのは佛教大学。何故そこだったのかといえば高校が実は仏教系だった、というのもある。正直なところ大学自体はどうでも良くて、音楽を続けるための口実として進学したという部分が大きかった。私立だったし、学費とかの面については親には申し訳ないことをしてしまったけども。当然ながら高校時代はろくに勉強していなかったから、成績も良くなかった。ただ、佛教大学と上宮高校には兄弟校的な繋がりがあって、推薦入学の枠があった。それでも先生からは「おまえの成績では話にならん」と言われていたんだけども、そこでまた、どういうわけか受かってしまって。3年の時には猛勉強したのは確かだけども、そうして二度も同じようなことが起きた。そこで大学に進めたからこそ、僕の人生はいっそう音楽に引き寄せられていったわけで、本当に不思議なものだと思う。あの時、素直に進学を諦めて社会人になっていたら、こうして音楽人生を語るようなこともなかったはずなのだから。

同時に僕は、どんなに大人たちから「それは無理だよ」と言われても、無理であるような気がしなかった。確かに偏差値的にはあり得ない無謀な話だったけども、その大学に願書を出すことに何の躊躇もなかった。しかも、そうして進んで行く先に少なからず音楽にまつわる出会いがあって、自分の立つステージがどんどん上がっていくという感覚があったし、技術的にもどんどん向上していった。音楽専門学校に進む以上に刺激に溢れていたと思う。

あの当時の関西の音楽シーンというのは、バンド自体の数も多くてとても刺激があった。ただ、今にして思えば関西のロック・バンドというのはあまり観なかったようにも思う。ソウルやブルースについてはすごい人がたくさんいたけども。とはいえ、当然ながらロック自体のルーツもそこにある。僕は、少年期からロックにのめり込みながらも、そっちのほうの洗礼もしっかりと受けてきた。十代の頃にそうしたフィーリングを学んだというか、味を知ったというか。だから今のヴォーカル・スタイルについても、その当時からのルーツがあるからこそのものだと自負している。だから、このスタイルを作ったのは剣道とブルースということになるかもしれない。

あの頃は、ラジオやテレビでも洋楽を扱う番組が今よりもずっとあって、音楽雑誌もいろいろとあった。プロモーション・ビデオというやつを目にする機会も徐々に増えてきていた。関西では、かまやつひろしさんが司会をする『ハロー・ヤング』という番組もあった。アマチュア・バンドが出演して審査員に評してもらえるというコーナーがあり、そこに登場してディープ・パープルの「紫の炎（原題：Ｂｕｒｎ）」を完璧に演奏していた高校生バンドが、他ならぬレイジーだった。

レイジーは高校生の頃に、まさに彗星のごとく現れた。僕自身のまわりでも、かなり話題になっていた。そうこうしているうちに彼らは東京に出て行って、１９７７年にはメジャー・デビューするわけだけども、その時には完全にアイドル的なイメージになっていた。同世代のくせに凄腕の、本格的ハード・ロック・バンドだと思っていたのに、いつのまにかベイ・シティ・ローラーズのようになっていた。そういった現実を目の当たりにしながら、僕は高校生ながら「ああ、デビューするってこういうことなんやな」と思っていた。つまり、大人たちによって変えられてしまうものなんだ、と。今だからこそ言えることだけど、当時は〝ああなってはアカン〟という見本のように見ていたところもあったように思う。

それから時間は流れ、大学3年生の時に、見知らぬ人から電話がかかってきた。僕は当時、京都の大学の近所に下宿していて、共同電話が1台あり、それが鳴れば誰かが受けて、用件をメモして残しておくことになっていた。ところが僕はほとんど下宿に帰らないような生活をしていたから、実家にまで電話がかかるようになっていた。そんなある日、おふくろから「なんかあんた、東京のレコード会社の人から何回も電話がかかってくるんだけど」と言われた。「連絡を取りたい言うとるで」と。そこで、もらった電話番号にこちらから連絡してみると、応答してくれたのはあるギタリストの面倒を見ているというレコード会社のプロデューサーで、「ちょっと君に会って話をしたいことがある」と言ってきた。その人は、そのギタリストを連れてわざわざ京都までやって来てくれた。三条にある喫茶店で待ち合わせてみると、その人と一緒にいたのは、テレビで見たことのあるレイジーのギタリスト、高崎晃だった。それがタッカンとの初対面の機会になった。

そのプロデューサーいわく、東京のほうでも「すごい声をしたヴォーカリストが関西にいるらしい」と僕のことが噂になっている、ということだった。ただ、当時の僕はソウル・バンドをやっていた都合で髪の毛もテクノカットみたいな短髪だったし、髭まで生やしていたから、彼としてはあまり印象は良くなかっただろうと思う。

その時に言われたのは、彼がハード・ロックのソロ・アルバムを作るということ、それが上手くいけばゆくゆくは世界に通ずるバンドを作っていきたい、ということだった。だから一度オーディションさせて欲しい、と。僕としては「ち、ちょっと待ってください」という感じだった。「何を言うてはるんですか?」と。世界に通ずるバンドだなんて、意味がわからなかったし、「何言ってるんやろうな」という感覚でしかなかった。まさに夢物語みたいな話を真顔でされたわけで。

その場では資料をもらって、「こちらは学生だからオーディションはいつでも受けられる」と言って別れた。当時、レイジーはまだ活動を続けていたし、当然ながら僕にはアイドル・バンド的な印象しかなかったから「ハード・ロックのアルバムを作る」と言われても半信半疑で、彼らのヒット曲である「赤頭巾ちゃん御用心」みたいな曲が自分に歌えるとも思っていなかった。ところが、そこでもらった資料のなかにカセットテープが入っていて、それが『宇宙船地球号』という当時のレイジーにとっての最新アルバムだった。三条から下宿に帰るのにバスで40分ぐらいかかるんだけども、その道中、ウォークマンでそのアルバムを聴きながら、僕は呆然としていた。これは従来のハード・ロックとは違う、新しい時代のものなんじゃないかと思った。ラッシュともＵＦＯともまるで違う。唯一、近いかもしれないと思えたのはヴァン・ヘイレンだった。70年代のハード・ロックが進化した、もっと尖った形をしたものがそこにはあった。

オーディションは、彼らがレイジーの仕事で大阪に来た時に行なわれることになった。タッカンと樋口（宗孝）さん、そしてベーシストは（田中）宏幸君だった。その３人とスタジオで合わせてみることになったわけだけども、僕にとっては、レコーディング・スタジオという場所に足を踏み入れること自体が初めての経験だった。ヘッドフォンを付けて歌うことも、コンデンサーマイクを見るのも初。「コンソールルームってこんなふうになってるんだ?」みたいな、まるで社会科見学のような感覚でもあった。

実際に演奏を始める前のサウンドチェックの時点で、タッカンの音に圧倒された。それまでの自分が知っていたギターとは、明らかに違っていた。聴こえてくるフレーズそのものが違う。初めて向き合ったプロのギタリストのことが、自分にはまさに未知の領域にいる人間のように思えた。そこでは歌ったのはまずレイジーの曲。ただ、僕にはキーが合わなくてうまく歌えなかった。同時に、課題曲として伝えられていたスコーピオンズとかモントローズの曲も歌ったんだけども、それもたいして上手には歌うことができなかった。だからその場には〝ああ、アカンな〟という空気が漂っていたと思う。

ただ、そこで「何か自分でアピールできる曲があれば、何でもいいから歌ってみてくれ。それで終わりにしようか」と言われて、当時ソウル・バンドのほうでやっていたパーシー・スレッジの「男が女を愛する時」を歌ってみた。ちょうどそのオーディションの前の週にライヴで歌っていたばかりだったから結構歌い込んでいたし、それをピアノの弾き語りで聴かせてみた。そうしたらみんな立ち上がって「この声やろ！」と言い始めた。樋口さんが特に興奮気味に「この声以外にあり得へんやろ！」と言っていた記憶がある。そして結果、一緒にやってみませんか、という前向きな話になった。

これまでにも述べてきたように、当時の自分には、ハード・ロックに見切りをつけていたようなところがあった。だけど、ジャンルの問題ではなかった。これからミュージシャンとして生きていくにあたって、これは行かなアカンな、と思った。それがソウルであろうがハード・ロックであろうが、自分が次のステップに進むための道はこれだな、と直感した。だからもう、迷いなんか微塵もなかった。行くのは当たり前。もちろん、オーディションの合否というのが契約のようなきっぱりとした形で伝えられてはいなかったし、その日以降ぷっつりと連絡が途絶えていたから、「もしかしてあの時、褒められたのは社交辞令?」という疑問はあった。こちらから電話してみても、なかなか先方がつかまらず「どうしたらええんやろ?」という気分ではあったしね。すると、そんな不安を抱え始めた矢先に東京から連絡があって、東京に出てくるべき時期についての指示があった。その時点で、やや不安ではありつつも迷いが生じてこなかったのは、自分は歌をやっていくんだという気持ちがすでに固まっていたからでもあると思う。「このバンドに入るべきなのか?」という躊躇もなかったし、プロになるか否かという迷いもなかった。自惚れていたわけではないけど、いつかそういうことになるのがわかっていた、ぐらいの気持ちでその話に乗ったように思う。

チャンスがあれば、逃したくない。それはまわりの仲間たちも同じだった。ソウル・バンドのメンバーたちもみんな、同じことを思っていた。いつか自分も東京に出て行ってプロになるんだ、と。だから彼らもみんな「それはすごいチャンスや！」と喜んで応援してくれた。まだ具体的なことが何ひとつ決まっていないうちから送別会まで開いてくれて、「二井原、やるからには日本一のヴォーカリストになって帰って来いよ」と言って僕を送り出してくれた。

正直に言うと、当時、親のことは何も考えてなかった。ただ、おふくろ自身は、東京から電話がかかってきた時点で何かを察知していたらしい。どのみち大学にはほとんど行っていなかったし、実家に成績表が送られてくるからそれがバレてもいた。だから姉貴からも「あんた、もうええ加減にせえや。親に高いお金を出させておいて」ときつく言われていた。まったくその通りだし、反論のしようもない。だから実は4年生になった時、就職も考えたし、一応、社会科の教職課程もとっていた。バンド活動が忙しくて教育実習には行けなかったけども。だから、もしもバンドをやっていなかったら、僕は今頃、教壇に立っていたのかもしれない。

もうひとつの問題は、彼女のこと。京都の彼女は、アースシェイカー時代からすごく応援してくれていた。シャラの次に僕のことを理解してくれた人だった。それなのに、東京に出て行くという話になった時、僕は自分のことしか考えていなかった。彼女を連れて行くこととか、まったく考えもしなかった。しかも、そこで別れたという感覚もなかったから、惜別の言葉をかけることもなく僕は「ちょっと東京に行ってくるわ」という軽いノリで旅立ってしまった。実際、東京滞在がどれくらいの期間になるのかも僕にはわからなかったし、だからこそ大学も休学することにした。大きなチャンスではあると思ったけど、テクノ・ポップ全盛でハード・ロックが古くさいものとされていた時代に、果たしてこれからやろうとしてることが世の中に受け入れられるのかどうかはわからなかったし、この新しいバンドがそこまで長く続くものになるとは思っていなかったからこそ。

そして大学4年の春のある日、僕は東京に向かった。夜行バスでね。初めて東京の土を踏んだ僕は、そのまま樋口さんの家に転がり込むことになった。

第二章 ラウドネス始動

LOUD ALIVE

激変する日常、プロ・デビューへ

いよいよ舞台は東京へと移った。僕にとっては東京に来たこと自体が初めてで、それまでは東は三重県、西は広島県までしか足を延ばしたことがなかった。中学と高校の修学旅行でそれぞれ信州と九州に行ったことを除けば、ということになるけども。

あの当時、関西から東京に出て行くというのは、今で言えばアメリカに行くのにも等しいことだったように思う。いや、もっとハードルが高かったかもしれない。まず大阪のバンドからすれば、大阪での活動基盤を作ってから、次は「俺たち、京都に来たぜ！」と京都のライヴハウスに出て行くことになる。すぐ隣ではあるんだけども、違う土地にやってきた感覚があって気合が入った記憶がある。だから東京にまで、しかも音楽活動のために出て行くというのは、相当に敷居の高い行為だった。

メジャー・デビューという前提があったとはいえ、東京に行けば何がどうなるという事前の確約は、何ひとつなかった。とりあえず決まっていたのは、樋口さんの西麻布のマンションに居候するということだけ。まず東京駅の八重洲口で長距離バスから降り立ち、駅構内に向かって歩いていくと、女優の松岡きっこが歩いていて「わっ、芸能人や！」と思った。しかも切符売り場で山手線の路線図を見上げてみると、目黒とか新宿といったテレビで馴染みのある駅名がたくさん目に飛び込んできて「わっ、この地名はこないだ『太陽にほえろ！』で見た気がする」と、まさに田舎者丸出しで驚いていた。移動中、遠目に東京タワーや国会議事堂が見えただけでも興奮したし、とにかく人が多いことに圧倒された。

　電車を乗り継いで、まずは地下鉄で六本木に到着。そこから西麻布へは歩いても行ける距離だけども、道がわからない僕はタクシーを拾って樋口さんのマンションに向かった。あとから気付かされたのは、とんでもなく遠回りをされていたということ。あれは東京での、最初の苦い思い出ということになるかもしれない。

　到着したその日の夜、樋口さんに「ニイちゃん、今からいつも行く店に行くから」と言われて、指示されるままに樋口さんの服を借りて着替え、おまけにメイクまでさせられた。連れて行かれたのは，下北沢にあるジャックポットという店。ＴＥＮＳＡＷのメンバーたちとか、樋口さんと付き合いのあるミュージシャン仲間がたむろしている場所だった。しかも店内に入ってみると、僕にとっては見知らぬ人たちがみんな僕のことを把握していて「ああ、君が噂のヴォーカリスト？」とか「なんか、すごい声なんだって？」とか言われ、僕はそこで「わっ、みんな東京弁や！」と当たり前のことに感心させられてしまった。そこで樋口さんに言われたのは、「おまえも今日からある意味、芸能人や。だから言葉遣いとかにも気を付けろ」ということ。京都のライヴハウスに出ているミュージシャンとはもう違うんだから、と。服装から言葉遣い、振る舞いに至るまで、彼からはそうやっていろいろとレクチャーされた。そうして下北沢デビューを果たしてからは、毎晩のようにシモキタに通い、朝まで飲まされた。いろんなミュージシャンや役者さんを紹介されたけども、ほとんど僕の知らない人ばかりだった。

もちろんそんななか、新しいバンドの始動準備も進んでいた。まずビーイングという会社に呼び出されて、そこが僕らの所属事務所になった。レコード会社は日本コロムビアに決まった。ただ、実はレコード会社側はあくまでタッカンという存在を欲しがっていて、まずは彼のソロ・アルバムを出したいという意向だったようだ。最初からバンドとして始動することについては、どうやら反対だったらしい。

とはいえ、タッカンだって1人ではアルバムを作ることができない。僕らはバンド形態で曲作りを始めることになった。そこで、コロムビアのスタジオを好きなだけ使っていいということになったのはラッキーだった。まさに貸し切りでの缶詰め状態。毎日、お昼過ぎから夜の8時くらいまで、ずっとそこで曲作りのためのセッションの日々だった。

僕らの基地になっていたのは、コロムビアの第7スタジオ。そこで繰り広げられていたのは、単なる練習や曲作りにとどまるものではなかった。あの時期のセッションは本当にすごかった。いわば、ロックの殴り合いという感じ。どれだけお互いが主張できるかという闘いだった。まず、タッカンがひとつリフを考えてくる。それに樋口さんが反応し、ベースが絡んでいく。ベーシストについては、その時点で田中宏幸君ではなく山下昌良君に変わっていた。毎日のようにそれを長時間続けていても飽きることがなかったのは、そこにケミストリーが起きていて、ひとつのアイデアがどんどん膨らんでいくさまに誰もが興奮を味わっていたからだと思う。

爆音のなかで僕が叫ぶと、タッカンがニコッと笑いながら次のコード進行を提示していく。それにドラムとベースが反応し、そこに触発されてまたギターとヴォーカルが……という具合に、延々とセッションが続いていく。一度それが始まると、喋ることすら忘れてしまうぐらい夢中になって取り組んでいた。ときどき事務所の人間がスタジオ内の様子を見に来るんだけども、その場に漂う鬼気迫る感じ、悲壮感にも似たような空気やすさまじい音の洪水に、何も言わずにドアを閉めて帰っていく。そして3～4時間後にもう一度来ると、「まだやってる！」と呆れてまた帰っていく。なにしろその間、4人のテンションが変わっていないわけで「こいつら化け物か！」みたいに見られていたんだろうと思う。

タッカンたちからすれば、レイジー時代に思うようにやれずにいたことをついに実践できるという楽しさと喜びがあったはず。彼や樋口さんがそれまで感じていたようなフラストレーションは僕には皆無だったけども、自分のキャリアの一発目にあたるそのセッションは素晴らしい経験になったし、デビュー云々というよりも、卓越したミュージシャンの輪のなかで一緒に何かを作ってるということ自体に夢中になっていた。これはちょっとすごいことになるんじゃないか、と自分でも思った。音楽的にも、それまでの自分が知っていたハード・ロックとはどこか違っていたし、学生時代にアースシェイカーでやっていたようなものでもなかった。当然ながら、レイジーのようなポップな音楽でもない。「これはいったい何なのかな？」と思いながらも、僕らには、やりたいことを好きなだけやっていい環境があることが嬉しかった。

当時の僕らにはプロデューサーが付いていて、その人もスタジオを覗きに来るんだけども、いつもセッションの様子をパッと見るだけで、「しばらくそのまま続けてください」と言って出て行くという感じだった。普通ならばそこでいろいろと注文を付けられるところだろうけども、外部からのインプットを拒むような空気というか、付け入るスキのない感じがそこにはあったんだろうし、きっと事務所側は「こいつらには何も言わず、気が済むまでやらせてみよう」というスタンスになっていたんだと思う。

あの時点ですでに、最初の2枚のアルバムの曲は出揃っていたんじゃないかな。いや、それ以上にあったかもしれない。タッカンが家で考えてきたものもあれば、その場で生まれたものもあり、とにかくネタはたくさんあった。そうしたセッションを数ヵ月にわたって続けていくと、ついにビーイングが本気になった。どう言われたかを正確には憶えていないけど、「キミたちの音楽を聴かせてもらった。音楽的にはよくわからないけど、とにかくすごいということはよくわかった」ということを言われ、全社を挙げてこのバンドを応援したいと告げられた。そこから、自分たちを取り巻く空気の流れが変わったように思う。

改めてメンバーの印象について言っておくと、タッカンは大人しくて物静かな人、という感じ。いざスタジオに入れば火を噴くようなギターを弾くんだけども、物言いや物腰は基本的に柔らかい。高校生の頃、ギターが上手くて勉強もでき、誰からも一目を置かれるようなやつというのが学年に1人ぐらいはいたものだけど、彼にもそういう匂いがした。冷静で、感情に過剰な起伏がない。

樋口さんは、とにかくパワフルで激しいドラマー。ヴィジュアル的にもカッコいい人だな、という印象があった。ロック・スター的な振る舞いが身に付いてるというか、芸能人的なスキのなさも感じさせられた。

マーくんは、まさしく大阪のあんちゃんという感じ。いちばん年下というのもあったけど、タッカンや樋口さんの言うことを忠実に聞きながら、なおかつ主張していく。僕もそうだけど、彼はとにかく一生懸命だったと思う。他のみんなに負けないように、という意識があったんじゃないかな。宏幸君からマーくんに交代した経緯については僕は知らされていなかったけど、タッカンや樋口さんがいいって言うなら間違いないはずだし、まったく異議はなかった。もちろん自分の側に「だったらこいつを入れたい」という誰かがいたわけでもなかったのだから。

当初は、ラウドネスという名前すらなかった。少し前にも触れたように、曲作りも何もかも、あくまで高崎晃ソロ・プロジェクトとして進められていた。だけどある時、タッカンのマンションに4人で集まって話している時に、タッカンか樋口さんのどちらかが「これ、バンドにしようや」と言い出した記憶がある。「バンドでやったほうがおもろいんちゃうか?」みたいな言い方だったかもしれない。それがラウドネスの始まりだったように思う。その時の話の流れから、バンド名の候補としてラウドネスという名前も出てきた。ステレオにあったその文字が由来だった気がする。これについては各々、記憶や捉え方の違いがあるかもしれないけども。

レコード会社や事務所の意向はどうあれ、少なくとも僕らのなかでは、これはもうバンドだという意識になっていた。そしていよいよ、コロムビアの人たちも関わりながらのレコーディングが始まることになった。僕とマーくんにとっては、初めてのプロフェッショナルなレコーディング作業。スタジオの空気というものについてはオーディションの時にすでに経験していたし、コロムビアのスタジオでリハーサルも重ねていてそれなりに慣れもあったから、そこで妙に委縮するようなことはなかった。しかも制作現場となったチェスナット・スタジオは三重県鈴鹿市の田舎のほうにあったので、レコーディングに集中するしかないという環境だった。

レコーディングするにあたって、僕には当然ながら歌詞を書くという責務が課された。その作業自体についてはアースシェイカーの時にもやっていたから、その延長線上にあるものとして対処できたのかなという気がする。逆に言うと、あの頃の経験がなかったら、もっと難しかったかもしれない。

デビュー当時の歌詞について振り返ってみると、今の自分としては「いったい当時の僕は何を訴えかけたかったんだろう?」という疑問も覚える部分が確かにある。ただ、あの頃そこで重視されていたのは〝言いたいこと〟よりもむしろ聴感的な違和感のなさだった。激しいロックの曲で、ワーッと叫んでいるような歌なのに、実は内容的にラヴソングだったりすると聴く側は拍子抜けすると思う。そうなるよりは、あんまり言葉がダイレクトに耳に入りすぎないほうがいいんじゃないか、という考えがあった。要するに僕らが洋楽を聴いている時と同じようなヴォーカルの聴こえ方を目指していた、ということ。だから言葉選びについても、意味よりもむしろ歌いやすくて発声しやすいこと、大声でシャウトした時にカッコよく聴こえることを意識していたと思う。僕ら日本人が洋楽を聴いた時に〝そのメロディの流れの最後にある一語〟が耳に残る傾向というのがあるけども、そういったインパクトも意識すべきだろうという話を、プロデューサーとしたこともあった。

アルバムのレコーディングは本当に短期間だった。今から考えるとホントにデモテープ制作レベルの時間しか与えられていなかったと思う。なにしろ正味5日間だったかな。タッカンはギターもリズム録りと当時に弾いていたから、余程の間違いでもないかぎりは録り直すこともなく、オーヴァーダブもほとんどなかった。歌については何曲か六本木のスタジオでも録ったけども、すべてがあっという間に終わってしまった。

短期間とはいえほぼ毎晩徹夜に近い状態で、サウンド・プロデューサーの方と喧嘩しながら作業をしていた。ベースが聴こえない、ドラムが聴こえない、ギターが聴こえない。みんな自分の音がちゃんと聴こえないと言い出す。だから必然的に、すべての音が大きくなっていく。それがうまくまとまるのか僕には疑問でもあったけど、生まれて初めてミックス・ダウンとかマスタリングといった過程を体験しながら「ああ、こんなふうにして作っていくのか」と感激させられたのを憶えている。そうしてようやく完成して初めてＬＰ盤ができあがり、それが手元に届いた時は素直に嬉しかった。

その頃にはすでに給料をもらえるようになっていたから、樋口さんの家を出て、駒沢のほうにアパートを借りていた。ちょうど京都にいた彼女が東京に来ていたので、完成したアルバムを一緒に聴いて「すごい！」と2人で興奮した。歌のクオリティについては、今となっては稚拙に感じられるところも多々あるんだけども、とりあえず自分の歌がレコードになっているという現実に、単純に感動をおぼえていたし、同時に「このラウドネスってバンド、すごいな」と他人事のように感心している自分もいた。アパートの部屋で、まさに文字通り、擦り切れるほど聴いた。正直な話、近年の自分は、盤ができあがってきてもさほど自分で聴くことはないんだけども、あの時は嬉しくて嬉しくて、本当にしつこいぐらい何回も聴きまくっていた。あまりに大きな音で聴くもんだから、隣や下の部屋から苦情が来たりもしたけども。

正確に言うと、『THE　BIRTHDAY　EVE～誕生前夜～』と名付けられたラウドネスのデビュー・アルバムが発売されたのは、1981年11月25日のこと。その翌月、12月17日には、今はなき浅草国際劇場（1982年4月に閉館）でのファースト・ライヴがあった。その時のことは、実はほとんど僕の記憶には残っていない。それくらい緊張していたということだと思う。ただ、広い客席が真っ黒く塗りつぶされているかのように見えたのは憶えている。男の客ばかりだった、ということだろう。その真っ黒い塊が、大きな怪物みたいにうねっているように、僕には感じられた。もうひとつ憶えているのは、大量の紙テープが客席から飛んできたこと。当時のコンサートのお客さんというのは、そういう感じだった。その紙テープがステージ上で山のようになって、歩けないぐらいの状態になってしまった。ステージ自体もやたらと広くて、端から端まで行くだけで息が切れるほどの幅があった。あとはもう、何を歌ったのかも、何を喋ったのかも記憶に残っていない。照明がすごかったな、というのはリハーサルでも感じたことだから辛うじて憶えている。当然ながら、その時から音もデカかった。

ラウドネスのデビューに対する反響というものを初めて自覚したのは、そのファースト・ライヴをやった後のことだった。東名阪のツアーを経験した時に、お客さんがあまりにも熱狂的で、こちらも衝撃を受けた。まさに、それまでの日本人のロック・コンサートの概念にはなかったような盛り上がりだったと思う。フロアの前のほうにガンガン人が押し寄せてきて、激しくヘッドバンギングしていた。それまでの日本のオーディエンスは、それこそ座席に座ったまま手拍子することも多かった。それはもちろん、レインボーの札幌公演での事故（1978年1月）で死者が出て以来、規制が厳しくなっていたからでもある。ところがラウドネスのライヴは、誤解を恐れずに言えばまるで暴動のようだった。2曲目で中断になって、すぐさま客電がついたこともあった。イベンターからの要請で「危険だから下がってくれ」ということを告げると、客席からはブーイングも聞こえてきた。騒然とした空気が少し落ち着いたところでもう一度出て行くと、今度はもっと人が押し寄せてくる。そういうことの繰り返しだった。それほどまでに若者のエネルギーが激しく爆発するさまというのを、僕はそれまで見たことがなかった。まさに鬼気迫るものがあった。ライヴ自体が闘いだったと言うべきかもしれない。よく〝ライヴに参戦する〟という言い方をすることがあるけども、まさにそれだったと思う。

何だったんだろうな、あのエネルギーは。ちょっと怖いぐらいだった。それまでの70年代のハード・ロックのコンサートとは明らかに違っていたはずだ。ちょうど時代的にニュー・ウェイヴ・オブ・ブリティッシュ・ヘヴィ・メタルのムーヴメントというのがイギリスでは発生していた。それ以前から活躍していたジューダス・プリーストとかに加え、アイアン・メイデンやサクソン、デフ・レパードといった新しい世代のバンドが台頭してきていた。僕自身はそんな流れが起きていることを知らずにいたけども、僕らのアルバムのライナーノーツに伊藤政則さんがそういったことを書かれていたので、それを読んで「ああ、そういうことが起こってるのか」と初めて状況変化について認知した。当時の僕はリアルタイムのメタル・リスナーではなかったし、ヴァン・ヘイレンやラッシュは聴いていても、新しいメタル・バンドは知らなかった。だけどもラウドネスはいきなり、それまでの国産ロックとは違った、ジャパニーズ・ヘヴィ・メタルのアイコンのような存在になったんだと思う。

バンド自体も他に比較対象を持たなかったし、僕みたいなスタイルのヴォーカリストというのも他にはいなかった。タッカンのようなギタリストもいなかった。何もかもが、欧米人ならばともかく日本人にはあり得ないような成り立ちだったと思う。だから、自分で言うのもおかしな話ではあるけれども、ラウドネスの出現によって日本のロックの常識がひっくり返ったようなところが少なからずあったんだと思う。

すると、無視を決め込んできたマスコミも変わってきた。デビュー・アルバムが出た当初の頃の取材では、「ん？　ハード・ロックですか？」という感じだった。初めての取材は、確か『プレイヤー』誌だったと思う。「ラウドネス、デビュー！」みたいなニュース・コラムのひとつにしかならなかった。ただ、それでも自分たちのことがそうやって写真入りの記事になったことが嬉しかった。でも、デビュー・ライヴを経て年が明けてからは「本当にいきなりこんなに変わるんかい？」というくらい、そういったプレスからの反応にも変化があった。

それ以前に、レコード会社の内部が大騒ぎになっていた。ラウドネスがすごい人気だ、と。ああいった反響の大きさについて、想定していなかったんだろうと思う。ぶっちゃけ、僕らが所属していた部署は当時、傾きかけていたらしい。だけどもそれが、息を吹き返すことになった。実際、僕自身も、デビュー・アルバムが世に出た途端、レコード会社のスタッフたちの間に漂う空気みたいなものが変わったのを感じた記憶がある。

「前例のない歌い手」としての挑戦

ファースト・アルバムが世に出ると、ラウドネスはすぐさま2枚目のアルバムを作り始めた。しかも同時進行でタッカンはソロ・アルバムを制作していて、そこでも僕は歌った。みんなスタジオ・ミュージシャンのように大忙しだった。というのも、同じビーイング所属の他のアーティストのレコーディングにも参加していたし、僕自身もちょっこコーラス要員として借り出されていたのだ。ただし、音程が思うようにとれず使いものにならなかったケースもあったけども。初期のラウドネスは、アルバムを出してツアーをすればすぐに次の作品のレコーディング、という活動サイクルが続いていて、年に1枚どころか半年に1枚ぐらいのペースでアルバムを発表していたし、その合間には「BURNING　LOVE」を皮切りにシングルも出していた。おそらくそこには大人の事情もあったんだろうけども、今にして思えば、ちょっと短期間のうちに急いでたくさん作り過ぎていたような気がしないでもない。

自分の音程の悪さについては、実は当初から気にしていた。京都でソウル・ミュージックを一緒にやっていた仲間たちからも、僕は音程が良くないしリズム面でもちょっと問題があると指摘されていたし、ラウドネスへの加入が決まったのも、そこをなんとかしたほうがいいと言われていたさなかのことだったのだ。そして実際にある時、タッカンの口から「ちょっと、歌の音程が」という言葉が聞こえてきて、改めて自分の弱点について自覚することになった。その時から僕のなかでは、自分の音程を整えることが最大の課題になり、まずは自分の歌について知ること、自己分析することから取り組み始め、曲作りの時にもライヴに臨む時にも、常に音程のことを意識していた。

当時はライヴをするたびに、樋口さんが僕の歌をチェックしてくれていた。その日のライヴ音源を一緒に聴きながら「おまえ、ずっと歌が外れているのがわかるか？」とか

「途中から声が全然出なくなってる」とか指摘してくれて、そんな時は自分でも「わっ、ホンマや」と認めるしかなかったし、自分の歌声を聴きながら顔面蒼白になったものだ。樋口さんはいつも冷静に淡々と問題点を指摘してくれて「こんなんではアカンで」と言ってきた。それまでは勢いだけで行き切ればどうにかなると思っていたけども、現実はそんなに生易しいものではなかったのだ。

ビーイングのほうでもそれを問題視するようになり、何度か呼吸法や発声を習ったりもさせられた。ところがそれを習得してみても、ラウドネスの曲を歌ううえでそのまま当て嵌まるというものではなく、何を学んでもすぐさま解決に繋がることはなかった。自分は上手く音程が取れない――それは僕のなかでトラウマのようになり、他のヴォーカリストたちにも助言を求めたりしたものだった。「音程が悪いわけじゃなく、モニターがちゃんと聴こえてないんじゃないか？」とか「フロント・モニターを無しにしてサイド・モニターだけでやったほうがいいんじゃないか」という声もあった。同じコロムビアに所属していた山下久美子さん、ハウンド・ドッグの大友康平さんにもアドヴァイスをもらった記憶がある。

タッカンや樋口さんといった超一流レベルのプレイヤーと一緒にやっているなかで、

フロントマンである自分がそんな具合に〝歌のいろは〟の段階から学んでるような調子でいいんだろうか、という葛藤もあったし、危機感のようなものも当然あった。ライヴの音源を聴かされた時には「こんな歌でお金をもらっていてはいけない」とまで思ったし、同時にみんなの演奏力のすごさも痛感させられた。その実力差は歴然としていたし、歌が入った途端にガタッと落ちるのが自分でもわかった。だからその後もずっと僕は、ヴォーカリストとしてどうやったらこの３人のレベルに到達できるんだろう、という想いを抱え続けていた。のちにバンドを解雇されることになるその時まで、それは続いていた。

実際、なかにはヴォーカルの弱さをこのバンドの欠点として指摘する音楽評論家などもいた。演奏は世界レベルだが歌が弱い、みたいなことを露骨に書かれたこともある。かといって誰も解決策を授けてはくれなかったし、自分でも見つけることができずにいた。ただ、それもある意味、仕方のないことではあった。なにしろ僕のようなタイプのヴォーカリストというのが誰も前例としていなかったのだから。仮に誰かそうした先輩がいてくれたなら、「そういう場合はこうだよ」と教えてもらえたかもしれないけども、実際には「キミの場合、その声のレンジ自体が何かの間違いじゃないの？」と言われていたくらいだから、どうしようもなかった。

喉の調子という意味では、アルコールによる悪影響もあった。お酒はたくさん飲んでいたし、まだ若かっただけに回復も早いから、飲酒量について反省することもなかった。私生活そのものが無茶苦茶だった。こんな言い方をするのもナンだけども、おかげさまでものすごくモテたし、まわりからは「おまえ、一生に付き合う女性の数をもう超えてるんじゃないのか?」とまで言われてしまうくらいだった。とにかくよく夜遊びをし、よく飲み、ろくに睡眠もとらないような生活をしていた。それが喉に良いはずはないのに、悪いことだという意識はまるでなかった。なにしろどんなに遊んで帰ってきても翌朝に起きればちゃんと声が出るし、レコーディングでもちゃんと歌える。ちょっと調子が悪い場合があっても、すぐにどうにかなっていた。若さって怖いものだな、と思う。そんな私生活に加えて、バンド活動自体もめまぐるしいものだったから、最初の2~3年は本当に駆け足のようなスピードで過ぎ去っていった。

音程に関する話に戻るけども、ある時、エンジニアに「音が大き過ぎるからちゃんと聴こえていないんだよ」と指摘され、その人の勧めもあってイヤーウィスパーを使ってみることにした。すると、それを装着した途端にちゃんと自分の歌が聴こえるようになった。おかしな話だと思われるだろうけど、まさに初めての感覚だった。その時からいきなり歌いやすくなり、ピッチも改善されていった。こんな単純なことだったのか、と思わずにはいられなかった。それが、３回目か４回目のツアーの時のことだった。

まずは自分の声がちゃんと聴こえる環境を作ることが重要。そこにひとつの答えを見出せたことで、当時、ヒビノ音響（現ヒビノ）さんはラウドネス専用のモニターを開発してくれたりもした。それは、まるでやぐらのように組まれた転がし（フロア・モニター）だった。ヒビノの担当者に言われたのは「他の音が大き過ぎる。これは一概に二井原君だけの問題じゃないんだ」ということ。「こんな過酷なヴォーカル環境は他に見たことがないし、これでちゃんと歌おうとするのは無理だ」とも言われた。そして実際、その新しいモニターのおかげでだいぶ歌いやすくなった。

言ってしまえば当時はまだ誰も、ラウドネスの音の作り方をわかっていなかった。あれほどの大音量でライヴをするバンドも存在していなかった。なにしろ１９８２年４月、日比谷野外音楽堂でのライヴの時には、音が大き過ぎると苦情が殺到し、しばらくあの会場でやれなくなる事態にまでなったほどだ。何もかも、前例がなかった。僕自身はもちろんまだまだ歌い手として稚拙ではあったけども、仮に僕以外の誰かが歌っていたとしても大変だったはずだと思う。

誰か同業者（ヴォーカリスト）がラウドネスのサウンドチェックを覗きに来た時に「俺には無理」と言って帰っていったことがある。「おまえ、よくこの環境で歌えてるな」と。その時に、ちょっとだけホッとしたのも事実だ。僕自身の力量も褒められたものではないかもしれないけど、理由はそれだけではないんだ、と思えたからだ。音響担当の人たちも、手探りだった。ステージ上のモニター環境を整える担当者も、各メンバーに要求されるままにフェーダーを上げていき、ＰＡも積むだけ積んでいく。どこまでデカい音を出せるか、という挑戦でもあったはずだし、実際、髪の毛が揺れるほどの音圧が背後のドラムからはあり、左右両側からは顔がゆがむほどのギターとベースの音が返ってくるというありさまだった。しかも客席の向こうからは、何秒か遅れてドゥーンという低音が跳ね返ってくる。そこでピッチを整えながら絶叫するように歌わなアカンというのは、確かに普通ではなかったように思う。

スタジオで歌う際には、特にそうした問題はなかった。とにかく尋常じゃない音量だったのは、あくまでステージ上の話だ。あの当時の自分に会うことができたなら、「おまえ、弱音吐きつつもよく頑張ったな」と褒めてやりたいくらいのところがある。もちろん僕自身の選択肢のなかに、そこで委縮して、尻尾を巻いて逃げるというのはなかった。そこでいきなり解雇されたりしない限りは。僕の音程が不安定であろうと、メンバーがそういうことを言い出すことはなかったし、なにより音響の担当者がすごく親身になって「なんとか二井原君がしっかり歌えるような環境を作りたい」と言って協力してくれたことがありがたかった。そこには大いに救われたと思っている。

初めての海外ライヴ、レコーディング

アルバム単位で当時を振り返ってみると、1982年の夏に発売されたセカンド・アルバム『DEVIL SOLDIER～戦慄の奇蹟～』には、デビュー・アルバムと地続きな感じで作られたもの、という印象がある。曲の大半もデビュー前に延々と行われていたセッションから生まれたものだった。初期衝動のすべてを一気にあの2枚で吐き出した、という感じでもあったと思う。

その半年後、1983年の1月にリリースされたのが、3枚目の『THE LAW

OF DEVIL'S LAND～魔界典章～』。この作品あたりから、僕らはよりスタジオ的な作り方をするようになっていた。ひとつひとつのフレーズやメロディも考え抜いて、すごく緻密にアレンジしていくようになっていた。もちろん1～2枚目にもそうした楽曲はあったけども、即興的に作られたものがそれ以上にたくさんあったし、歌について言うなら、ハイトーンでギャーッとやっているものはほとんど即興でやってみたことがもとになっていた。だけども3枚目からは、タッカン自身もリフやメロディをもうちょっと作り込むようになっていたし、オーヴァー・ダビングもふんだんにするようになり、コーラスも入れてみたりするようになった。勢いだけで行くんじゃなく、スタジオでのマジックも反映させるようになった、と言ってもいいかもしれない。

サード・アルバムでは初めて、ダブルでヴォーカルを録る（同じ旋律を重ね録りすること）ということも経験した。それまでは全部、歌は一本だけだった。それは単純に、当時の自分にはまだダブルで録ることに無理があったからでもあるけども。そうしていろいろと実験してみたり、のちの自分たちが当たり前のようにやっているようなことについても初めて取り組んでみたりしたのが、この3枚目だったように思う。加えてセカンド・アルバム、サード・アルバムでは、ジョージ吾妻さんから紹介されたダニー・マクレンドンというアメリカ人のエンジニアが力を貸してくれたことも大きかった。

アルバムを2枚、3枚と重ねていくなかで、日本での人気は高いレベルで安定していたし、雑誌の人気投票などでも1位を獲得するようになっていた。ライヴの規模も次第に大きくなり、どこで演奏してもソールドアウトという活況。街を歩いていれば、ちょっとしたパニックになるぐらいファンの人たちが集まってきた。大きな会場を満員にすることがロック・バンドとしてのゴールであるならば、ラウドネスはある意味、明らかにそれを超えていたし、「ここから先どうする？」というところまで行ってしまっていたような気がする。つまり、その先のストーリーを描けなくなっていたというわけだ。

ちょうどそんな頃、ダニー・マクレンドンから言われたのが「ラウドネスはいったいいつまで日本でやってるつもりなんだ？」ということだった。「なんでアメリカに来ないの？」と、彼は常々思っていたらしい。「そうか、次はアメリカか！」と僕らは思い、当時のマネージャーもその気になった。当時はビーイングを離れて自分たちの事務所を立ち上げた頃でもあった。我々としては、それこそ武道館以外の大きいところはほぼ制覇しつつあったし、次は未知の場所に向かわないとアカンな、という想いがあった。だからこそダニーの言葉を切っ掛けとしながら、すぐさまアメリカ行きの話を進めることになった。

まずはサンフランシスコ、そして次にロサンゼルス。その二都市でライヴをやる。それが決まったことが、ある種の壁にぶつかっていたバンドにとって、とてつもなく刺激になった。それによって、次に向かうべきモチヴェーションが見えた。日本国内で大きな場所で何日もやるというのは通過点に過ぎない。もちろんそんなことを口にはしないけども。このバンドを結成する時、タッカンは真顔で「海外に通用するようなバンドを作りたい」と言っていて、僕はそれを寝言というか夢物語のように感じていたけども、ダニーから「なんでアメリカに来ないの?」と言われた時にはすぐさま「行かなアカンな」と思った。かつて、京都にいた頃に「東京に来ないか?」と言われた時と感覚的に近いものがあった。

そして初めてアメリカに降り立ったのが、その年の7月のこと。もちろんその時点では何の展望もなかったし、何かが約束されているわけでもなかった。だけど、疑いを持つことも逆になかった。何の躊躇もなく、メンバー4人とマネージャーの計5人だけでアメリカに渡った。当時は確か、1ドルが270円ぐらいだった。マクドナルドで1日の食費が無くなってしまうくらいの円安だった。

予想していた通り、アメリカ西海岸で数本のライヴを経験したことが、僕らのなかの何かを変えた。具体的には説明しにくいけども、新たなる目標、次なるターゲット、持ち続けていくべき心意気みたいなものが明確に見えてきた。正直なところ、そうしたものを見つけるために渡米しよう、と計画を立てていたわけではなかった。だけども結果的に、誰もがアメリカで大切なものを感じ取っていたはずだという気がする。だからそれが燃料になって、次に『DISILLUSION～撃剣霊化～』というアルバムが生まれることになり、その次にもっとラウドネスが暴れる予感みたいなものを抱くことになった。

もしもあの時、過度に期待して渡米していたら、ライヴの結果如何ではそこまでの気持ちにはなれなかったかもしれない。だけど僕らは何を期待していいのかわからぬままに渡米し、実際に西海岸に到着してから現地の状況に驚かされることになった。まさに「なんでラウドネス、こんなに人気があるの？」という感じだった。なにしろサンフランシスコに着いたその日にラジオを付けたら「スピード」がかかっていたのだ。「これ、ラウドネスだよな？　嘘やん？」という気分だった。もちろんそれはメタルの専門局ではあったけども、本当に信じられない出来事だった。

ライヴ当日も、蓋を開けてみると会場はソールドアウト。しかもなおかつ、アメリカ人のお客さんが一緒に歌っていた。「なんでおまえら、俺らの曲を知ってんねん？」という気分だった。現地の状況についてよくよく聞いてみると、アンダーグラウンドなメタル・ファンの間では、ダビングにダビングを重ねられたカセットテープがトレードで取引されていて、そういった連中の間でラウドネスはカリスマ的な人気になっているんだという。ダニーを挟んでバンドを招聘してくれたのも、そういったファンの出入りする現地のレコード店の人で、「東洋の日本という国にすごいメタル・バンドがいる、という話が広まっているんだ」と言っていた。あの時ほど、口コミというものの力のすごさを思い知らされたことはない。

東洋の神秘。まだ見ぬ怪物バンド。そんなふうに注目されていようと、実際にライヴが良くなければファンは失望しただろう。だけども僕らのライヴは、素晴らしく盛り上がった。だからまたアメリカに来なくちゃいけないと思ったし、そのために必要なアルバムを作らなければならないと感じた。そういう意識を持って作ったのが『ＤＩＳＩＬＬＵＳＩＯＮ〜撃剣霊化〜』だったといえる。そうじゃなければ英語ヴァージョンを録ることも、「ロード・レーサー」のシングルを英語で歌うこともなかっただろう。

当時、イギリスにおけるニュー・ウェイヴ・オブ・ブリティッシュ・ヘヴィ・メタルに匹敵するような波が、アメリカにも来ていたんだと思う。サンフランシスコ、ベイエリア界隈ではヘヴィ・メタルの新しいムーヴメントが盛り上がりつつあった。スラッシュ・メタル登場前夜、という感じだったのかもしれない。実際、その時に出会ったガールフレンドの友達に、あるパーティでメタリカに紹介してもらったこともあった。ジェイムズ・ヘットフィールドも、カーク・ハメットもそこにいた。その場では一緒に飲んだりもして、「これ、俺らの曲なんだ。カッコいいだろ?」といって彼らの音源を聴かせてくれたけども、正直、僕のなかでは、リズムも良くないしあんまり演奏が上手くないという印象だったし、音質もチープだった。だけどもそのパーティに集まっていた連中はみんな大いに盛り上がっていて、「そうか、ベイエリアでは今、こういう音に人気があるのか」と感じさせられた記憶がある。その時に彼らから1本のカセットテープをもらった。それがまさに彼らのデビュー・アルバム、『キル・エム・オール』（1983年7月発売）だった。

そして僕らは帰国後、4枚目のアルバムをレコーディングすることになった。しかもその舞台はイギリス。アメリカから戻ってきて間もない1983年8月に、僕らはロンドンに向けて旅立った。ただ、海外に行ったとはいえ、忙しさ、慌ただしさは日本での日常と変わらなかった。初めて英語ヴァージョンというものを作ることになったのも、その慌ただしさに拍車をかけていた。その英語ヴァージョンについては、当時の僕は英語を喋れなかったし、今の自分からすると相当に無茶苦茶なものではあったけども。

ただ、初めてのイギリス行きには当然のごとく興奮した。ブリティッシュ・ロックに憧れてきた我々からすれば、そこはまさにロックの聖地。ディープ・パープルにレッド・ツェッペリン、そしてもちろんビートルズ。そんな数々の伝説が生まれてきたロックの本場の空気を吸いながら曲を作り、アルバムを作るというのだから、平静でいられるはずもない。しかも僕らには最高のスタジオが用意され、イエスなどの作品を手掛けてきたジュリアン・メンデルソンという凄腕エンジニアと一緒に仕事することになった。

現地では合宿生活をしていた。全員でひとつのアパートを借りて、いつもああでもないこうでもないとアイデアを出し合っていた。向こうのエンジニアの音の作り方には度肝を抜かれたし、これはまさに外国の音やな、と感じさせられた。それまでにもダニーと一緒にやってきてはいたし、その都度、音の仕上がりには満足していたけども、比べものにならないくらい本格的な音に聴こえたし、その場で全員が、なんてすごい音を作るんだ、と感動していた。曲についても「CRAZY DOCTOR」とか「DREAM FANTASY（夢・Fantasy）」とかああいった、代表曲に数えられるものがいくつもできてきた。

実はサード・アルバム当時、「ラウドネスはこれで終わりじゃないか?」というような見方をしている人たちもいた。この3枚をもってアイデアも出尽くして、ここから先には行けないいんじゃないだろうか。あとはポップに洗練されていくか、勢いが落ちていくだけだろう――そんなふうに書き立てている人たちもいた。実際、ロンドンでこの4枚目をレコーディングしている時に、マネージャーから「こんなことを言っている連中もいるから」と教えられ、発破をかけられたものだ。僕ら自身はそんなことを微塵も気にせずにレコーディングに集中していたけど、実際にアルバムができた時には「要らんこと言うてたやつらがこれを聴いたら腰を抜かすぞ!」という気分になったものだ。

そして案の定、アルバムを日本に持って帰ってくると、「恐るべしラウドネス。さらにすごいモンを作ってきよった!」みたいな反応が返ってきて、各方面のアルバム・レビューなどでも「いったいこいつらは、どこまで進化するんだ?」みたいな調子で大絶賛された。事実、ラウドネスはあのアルバムで一皮、二皮むけたんだと思う。ロンドン滞在中、現地でのライヴを経験できたことも大いにプラスになった。

確かに、一部のプレスが見ていたように、あのまま国内で同じ作り方を続けていたら、『DISILLUSION～撃剣霊化～』のような緊張感のあるアルバムは生まれ得なかったのかもしれない。そういう意味でも、イギリス行きに踏み切ったことがとても功を奏したと思う。限られた期間内での作業ではあったけれども、いろいろな刺激を得ることができた。ロンドンでの滞在期間は、1ヵ月半くらい。現地の食事はあまり美味しいとは思えなかったけれども、地下鉄でスタジオに通ったり、ライヴハウスに足を運んだりという日常そのものがとても刺激的だったし、それがアルバムにも反映されることになり、僕自身にとっても自信にもなった。

あの第4作はラウドネスがその先に向かううえでの、新たなるスタートを飾る作品になった。あの時、もしもアメリカに飛んでいなかったら、日本だけでやることにこだわっていたら、口の悪い評論家たちが言っていたように、3枚目で終わっていたかもしれないし、それ以降は現状維持を続けていくしかなかった可能性もある。「次、どうしようか?」ということになっていたかもしれないし、「次はもうちょっとポップな曲を作ってみるか」となっていたかもしれない。そんなふうに、迷いが生じていたとしてもおかしくない状況ではあったのだ。だから本当に思うのは、いいタイミングで、いい人と出会うということがバンドを生き続けさせたということ。その最たるものは、ダニーが持っていたサンフランシスコのコネクション。最初の渡米時は、彼が窓口になり、うまく連携してライヴをブッキングしてくれた。彼は2枚目と3枚目のミックスも手掛けてくれたけども、それ以上に、ラウドネスを次のステージへと推し進めていくうえでの大きな役割を果たしてくれたと思う。まさに高校の時に出会ったシャラが、僕を次のステージへと押し上げてくれた時と同じように。

第4作のレコーディングが終わった頃、「日本が大騒ぎになってるぞ！」という情報がロンドンに届いた。日本コロムビアにアメリカのレコード会社からオファーが来ているんだという。正確に言うと、アトランティック傘下のアトコというレーベルから、その日本での発売元であるワーナーを経由して「契約したい」という話が届いていたのだ。だから僕らは、帰国後すぐに、その件について検討することになった。実際、ロンドンから成田空港に到着すると、そのまま日本コロムビアに直行した記憶がある。世界に向けての、まさに次の展開が始まろうとしていた。いいアルバムができて喜んでいる時に、次の段階に進むためのパスポートが届いたかのような感覚だった。

実は僕らがロサンゼルス公演を行った際に、その会社のA&R（発掘／宣伝など）担当者が観に来ていたらしい。『DISILLUSION～撃剣霊化～』が実際に世に出たのは、年が明けた1984年1月のこと。しかし実はあのアルバムが世に出る前に、自分たちの知らないところでラウドネスの運命には火がつき、新たな物語が進みつつあったのだった。

第三章 アメリカへ

THUNDER IN THE EAST

英語との格闘の日々

僕はまずアルバム制作に先駆けてアメリカに渡った。英語の特訓のためだ。このバンド自体が〝世界を目指す、世界に通用する〟というところから始まっているだけに、いずれ何かがあったあかつきには英語を身に付けなければならなくなるんだろうとは思っていた。それまでは受験勉強の頃までの英語力で止まっていたし、受験勉強自体もさほど真面目にはしていなかったから、本当にYESとNOしか言えないような状態だったし、正しい発音なんてものも当然身に付いてはいなかった。だから世界を目指すバンドに入ったわりには、どこか他人事のように思っていたんだと思う。今にして思えば、デビューが決まった時からその時に備えて勉強していたら良かったんだろうなとも思うけども、それが実行できないのが人間の甘さ。まだまだ若かったし、学生気分、アマチュア気分が抜けていなかったんだろう。

そこでアメリカ進出が決まり、いよいよ尻に火がついた。事務所の社長に呼ばれて「おまえ、英語で歌うことになるんだってわかってる?」と言われた。「やっぱり英語じゃないと駄目ですか?」「当たり前だろ!」というやりとりをした。実はそれ以前、2枚目、3枚目のアルバムを作っていた頃、まだビーイングにいた頃に〝英語で出したい〟ということをバンド側から言ったことがあった。日本語だとやっぱり違うし、英詞でやったほうがもっと海外のバンドのレベルに近付けるんじゃないか、と。しかし当時、事務所にいたそこそこ英語の得意な人が「それは無理だ」と言い切った。「おまえ英語で歌うというのがどういうことなのかわかってるのか?」と。そもそも喋れるのか、とね。カタカナ英語で歌うことほどカッコ悪いことはないぞ、と。そう言われて英語でやるという話はポシャり、英語でやるのはそんなに大変なことなのか、という漠然とした思いだけが残った。

それから時は流れ、ワールドワイドで出すからには当然英語でやるということになった。そこで社長から「英語はどれくらい喋れるんだ?」と聞かれ、素直に「ゼロだ」と答えたところ、まずは自分だけが先にアメリカに送り込まれ、英語を学ぶということになった。

毎日がレッスン。日本のアメリカン・スクールに通っていたことのある、完全バイリンガルの若者が先生についてくれた。見た目はまったくの白人。ただし彼は本職の教師ではなかったから、教えることにたけているわけではなかった。つまり英語と日本語の両方を完璧に操ることはできても、アカデミックに体系立てて教えることができるわけではなかった。だからいきなり「ＡＢＣの発音から始めてみよう」ということになった。「エー、ビー、シー」まで言ったところで「シーじゃなくてスィーだ」と言われた。そうやってひとつずつ矯正されるようにして朝から晩まで勉強した。正直言って、退屈だった。ＬとＲの違い、ＢとＶの違い。最初の一週間ほどはそうやって英語の音に慣れることだけをやっていた。まるで物真似の練習のようなものだった。なかでもＲの発音が難しかった。たまに正しく発音できると先生が「それだ！」と言うんだけど、それを繰り返すことができない。そうこうしているうちに半日に一度くらいしかできなかったことが、20回に一度くらいは当たりが出るようになった。気が遠くなるような日々だったしキツかった。あれは、英語の勉強が好きな人でも嫌いになる教わり方だったようにも思う。とはいえ目前にレコーディングが迫っていたから僕には選択の余地がなかった。正しい学習法かどうかはともかく、必要なのは突貫工事だった。

そうやってアルファベットの一文字一文字の発音を叩き込まれてからは、ようやく単語の発音練習になった。まわりにあるもの、部屋にあった雑誌の名前、なんでも英語で口にした。『PLAYBOY』とかね（笑）。おかしな発音になったところで止められ、矯正された。これまた気の遠くなるような作業だったけども、ひたすらそれを2週間ほど続けていくなかで発音の法則みたいなものが見えてきた。理屈はわからないながらも、声に出して言うことで気付けることというのがあった。そういう意味では、音読が発音練習にはいちばん重要なんだと思う。新聞、雑誌の音読も片っ端からやった。意味は分からないながらも、それっぽい発音で読めるようになっていくのが自分でもわかった。朝10時から夕方の5時まで、そういったレッスンを重ねていた。すると、不思議なことに相手の言っていることが聞き取れるようになってきた。自分がその音を発するようになると、同じ音をヒアリングできるようになる。これには自分でも驚いたし嬉しくなった。それまではテレビをつけても何ひとつ聞き取れなかったのに、断片的に理解できるようになっていた。「あ、今、何々って言った！」という具合にね。まるで初めて言葉を理解した子供のような感覚だった。だから聞き流して英語をマスターする方法というのもあるようだけど、僕からすると、自分がまず英語の音を発せられるようになることが重要なんじゃないか。それは体験的に思うこと。だから僕の先生は専門の教育者ではなかったけども、〝日本語にはない音が英語にはたくさんある〟ということから、まず僕に叩き込もうとしたんだと思う。なにしろ1ヵ月半後にはレコーディングが始まることになっていたから、それまでには「英語に聴こえる歌」を歌えるようにならないとならなかった。喋れなくても、意味が分からなくても、歌詞をちゃんとした英語で発音できるようになっている必要があった。だからその先生の教え方は、僕のケースに限っては正解だった。文法やら何やらは、それをマスターしたうえで、自分で学べばいい。そういうことだったんだろうと思う。あれで高校時代のように基本文型とかから教わり始めていたら、レコーディングには間に合わなかったと思う。

僕にとっては初めてのアメリカ長期生活の機会でもあった。ただ、レッスンでずっとアパートメントに缶詰めになっていたため、ほとんど外を出歩くことがなかった。朝、先生がやってきて「さあ始めよう」とレッスンが始まる。僕は国際免許を持っていなかった。バーバンクというところにいたんだけども、車がないとどうしようもないところだった。部屋にいる以外、何もすることができなかった。というか、それ以前に、夕方にレッスンが終わるころにはもうヘロヘロになっていて、遊びに行きたいとも思わなかった。そのアパートメントには共用のプールもあったから、そこで泳いだり、先生が気をきかせて近所のレストランに連れて行ってくれる時ぐらいのもの。もちろん僕には友達もいなかったから、彼が唯一のコミュニケーションの相手だった。

そしてアルバム制作が始まった。歌詞は日本語で書いたのを直訳した「こういうことを歌いたい」というものを用意していた。そしてマックス・ノーマンとのプリプロダクションが始まった。このマックスが怖かった。はっきり言えば、彼にはヴォーカルのことなど、ほぼ眼中になかった。というか、本気で取り組み始めるとヴォーカル録りは手ごわい作業になるからと察しをつけたのか、歌はすべて後回しにされた。とりあえずはバンド・サウンドを録ることを優先された。そしてデモテープはあらかじめ送ってあったけども、その場で演奏することになった。バンドの演奏レベルを見定めようとしたのだと思う。そこで僕が歌おうとすると「うるさいから歌うな」と言われた。プライドも何もかもズタズタにされた気分だった。くずのような扱いだった。

ただ、僕だけではなく、タッカンに対しても彼はボロクソに言っていた。本当にマックスは怖かった。とはいえ、振り返ってみれば、あれは彼にとって必要な時間だったのだと思う。バンドとプロデューサーの主従関係、どちらがイニシアチヴを握っているのかを最初のうちに叩き込もうとしたのだろうと思う。のちにドン・ドッケンとかと話をしていると「彼はこういう感じじゃなかったか？」と言われたことがある。その話のまんまだった。「あいつはそういう、めんどくさいことをするんだ。お互いの立場をまずクリアにするために」とね。しかもミーティングをしてそういう話をするわけではなく、現場にそういう空気を作ってわからせようとする。にこりともしない。本当に張り詰めた空気だった。イギリス人独特の言い方で、ちょっとケンのあることを言う。現場に立ち会ってくれていたジョージ吾妻さんがそれを訳すのに困っていた。「今、彼が言ったことをおまえたちには伝えられないよ」と。結構なことを言っていたのだと思う。

そして曲をシンプルにさせられた。ちょうど時代的には、いわゆるLAメタル的なものの人気が出始めていて、MTVでもモトリー・クルーやクワイエット・ライオットがもてはやされていた。ああいうのが時代的に求められている、ということでマックスもそれを意識しながらヒットを狙おうとしたんだと思う。もちろんできあがった作品には満足しているし納得もできていたけども、その制作過程は大変だった。結果、2ヵ月ぐらいレコーディングをしていたけど、その間、各メンバーとも自分のパートで地獄を見たはずだと思う。

マックス自身もレコーディングの終盤に口にしていたけど、「おまえたちは初めてのアジアから出てきたバンド。日系米国人ではなく生粋のジャパニーズが初めて西側の世界、ワールドワイドな世界に来たんだ」と。「だから俺は敢えてタフな感じで仕事をさせてもらった」と。僕には言い訳のようにも聞こえたけども、彼が言うにはロックの本場でのプロフェッショナルな仕事とはこういうものだということを東洋人にしっかりと叩き込もうとした、ということだった。彼は10歳ぐらい上だったはずだけども、当時はまだ30代半ば。そういう若さというのもあったと思う。

そしてギターもベースもドラムも終わり、いよいよヴォーカルを録ることになった。歌詞については、マックスはプロの作詞家ではないから、誰かに手伝ってもらったほうがいいということで、彼の人脈から現地の人が4人ほど来て、僕の書いたものとデモテープを持ち帰ってもらい、分担して仕上げてもらうことになった。僕自身も〝英語らしきもの〟で作っていたから、向こうも「無茶苦茶だけど、どういう感じにしたいかはわかる」という感じだった。そうして歌詞が揃いはしたものの、どうやって歌えばいいかわからない。そこで歌詞を受け持ってくれた人たちがマイクの前に立ち、仮ヴォーカルを歌ってくれることになった。その人たちのうち2人くらいはプロのシンガーだったけれども、全員がヴォーカリストではないから「そんな話は聞いてないし、歌なんて無理だ」という反応もあったけども、マックスは発音とかタイミングの問題があるからその勉強のために協力してほしい。歌えないのであれば、譜割りに合わせて朗読してくれるだけでもいい」と彼らを説得し、結果、みんな歌ってくれた。音程の悪さとかはあったものの、シンガーではない人たちもかなり歌が上手くて驚かされた記憶がある。「Ｃｒａｚｙ Ｎｉｇｈｔｓ」を歌ってくれた人はスティングのような声をしていて、思わず聴き惚れてしまうくらいだった。

そうして彼らが歌ってくれた音源を僕は持ち帰り、それを聴き込んでヴォーカル録りに臨むことになった。歌詞はできるだけ単語も少なくしてシンプルに仕上げてもらった。ただ、あまりシンプルにしてしまうと逆に歌うのが難しくなるケースもある。一語一語をクリアに発音しなければならなくなり、ごまかしがきかなくなるからだ。しかしどうあれ、僕は必死に歌詞を覚えようとした。遠い昔、洋楽のＬＰを聴き、歌詞カードを眺めながら歌っていたのと同じような作業を、アパートメントにこもって繰り返していた。

そしていよいよ本番が来た。1曲目は確か「Ｃｒａｚｙ Ｎｉｇｈｔｓ」だったように思う。ところが僕が最初の1行を歌ったところでマックスがストップをかけてきて「もう1回」と言う。1日中、その〝Ｙｏｕ ｃｏｍｅ ｔｏ ｓｅｅ ｔｈｅ ｓｈｏｗ〟という1行を歌わされた。僕には何が悪いのかわからなかった。どうしていいのかもわからなかった。マックスの顔が鬼のように見えた。「これを12曲やるのか？」と考えると気が遠くなった。このままじゃ1曲録るのに1ヵ月かかってしまう。マックスに言わせれば、僕には〝Ｒｏｃｋ〟の一語さえ正確に発音できていなかったのだという。あれほどレッスンを重ねていたというのに。

マックスも業を煮やしたのか「歌わなくていい。まずはその歌詞を読んで聞かせてくれ」と言ってきた。すると、その音読には特に問題がないという。何故歌うと駄目なのか。結局、喋る時と歌う時とでは舌のテンションも違う。リーディングはクリアできていたはずなのに、それが歌になった途端、日本人英語に戻ってしまっていた。ネイティヴの人たちとは呼吸法から喉の響かせ方から、何もかもが違っていて、それを聴く側にははっきりと違いが感じられたようだ。なんとかアメリカ人が歌っているように聴かせること。それが僕とマックスにとってのゴールだった。

新たな戦いが始まった。マックスもどう指導していいのかわからない様子だった。音の違いがわかったところで、それをどうすればネイティヴに近づかせることができるのかはわからない。当然のことだ。僕には僕がずっと培ってきた声の作り方というものがあり、リーディングの時と同じことが、たとえば高いキーの箇所では再現できない。

ただ、リーディングの時と同じことが起きた。英語に聴こえる読み方ができるようになるまで1週間かかったけども、一度コツをつかんでしまうとその先は速かった。それと同じことが起きた。歌録りを初めて3日目ぐらいのこと、僕が相変わらず「Ｃｒａｚｙ Ｎｉｇｈｔｓ」を歌っていると、マックスが他のみんなと顔を見合わせていた。「今のは英語に聴こえたぞ。それだ！ それを忘れないでくれ」と。その場には歌詞を手伝ってくれたシンガーたちも来てくれて、横で発音、発声の仕方の手本を示してくれたりもしていた。その時はたまたま正解が出ただけだったのかもしれないけども、以降は徐々に正解が出る頻度が高くなっていった。自転車に乗れるようになった時のような気分だった。何度もやっているうちに順応するものなんだな、と思わされた。それによって自分のなかでの声の響き方が英語用のそれに変わってきていることにも気付かされた。

実は「Ｃｒａｚｙ Ｎｉｇｈｔｓ」の冒頭4行の歌詞に、僕の不得意なアルファベットがちりばめられていたことがわかった。だから結果、その4行をマスターすればその先の歌詞にも対応できる。そこに気付けてからは、歌録りを途中で止められることも徐々に減っていったし、僕のなかでの違和感もなくなり、自然に歌えるようになっていった。

もちろん日本人的なアクセントが完全に消えるわけではなかったが「とりあえず英語に

聴こえる」というところまで行くことができた。完全にネイティヴと同じ聴こえ方を目指すのには時間がかかり過ぎるから、これくらいのレベルで進めていこうということになった。

ヴォーカル録りを始めた最初の5日間ほどは、スタジオ内の空気は最悪だった。マックスも、エンジニアやアシスタントも、現地のスタッフも、みんな下を向いていた。途方に暮れていたし、僕にもどうしていいかわからなかった。でも、あの5日間というのは次のステップに進むうえで本当に必要なものだったし、とても大事な時間だったと思う。あの5日間が、僕にとって英語で歌うことの扉を開いてくれたともいえる。当初は数行を歌うだけでも四苦八苦していたのが、2～3日で1曲録れるようになっていた。凝り始めると普通にやっていてもそれくらいはかかるものだし、アメリカでもそれは普通。相変わらず、何回歌っても上手く発音できないものもあったけども、そうした場合には作詞家にお呼びがかかり、意味を変えない程度に単語を変えたりもした。そのほうが発音を直すよりもずっと手早かったりすることにマックスも気付いたんだと思う。

僕的にはあのレコーディングが一番大変だったし、同時に今の二井原実にとっての土台になるものがあの期間に生まれたんだと思う。

二極化する海外での評価

1985年、モトリー・クルーとの全米ツアーは9月には終わり、その年の末には次のアルバムのレコーディングが始まった。ということはつまり、タッカンはツアー中にも曲作りをしていたということなのだろう。今度はマックス・ノーマンを東京に呼び寄せて作業することになり、六本木のスタジオに通う日々になった。

正直なところ、ふたたびマックスと組むことについては、大変そうだな、という想いもあった。ただ、アルバムをひとつ一緒に作り上げたという達成感を味わった後でもあったし、また見知らぬ誰かと一から始めるよりは話が早いんじゃないかという気安さも少なからずあり、始まればいつかは終わるもの、という感覚でレコーディングを捉えられるようになっていたように思う。要するに心の準備はできていた、ということだ。

しかも二度目のマックスは、人間的にもいくぶん柔らかくなっていた。それは当然ながら『ＴＨＵＮＤＥＲ　ＩＮ　ＴＨＥ　ＥＡＳＴ』が高評価を獲得し、セールス面でも実績をあげていたからでもあったはずだ。加えて彼は、あのアルバムを振り返りながら、「前回のアルバムでは少しアメリカナイズさせ過ぎたところがあるから、今回はおまえらのルーツに今一度戻ってみよう。もっとプログレッシヴな要素も入れていこう」などと言い出した。実のところ、あのアルバムの評判は全般的に良かったが、以前からラウドネスをよく知っていたヨーロッパのコアなファン、アンダーグラウンドなネットワークを通じて僕らの音源を聴いていたような層からは反発も少なからずあった。そうしたファンの間でマックスは「ラウドネスをアメリカ向けに変えてしまった男」のように言われていたという話もある。

レコーディング作業については前回以上に突き詰めた部分もあった。『THUNDER IN THE EAST』の時は現地のシンガーたちに作詞を手伝ってもらって歌い方の手本を示してもらっていたけども、この時も同じように、そうした人たちに手を加えてもらった歌詞をファックスで送ってもらっていた。ただ、そうやって歌詞は手に入れることができても、目の前で手本を見せてくれる人が東京にはいない。マックスは「おまえ、もう自分で行けるだろ？」と言ってくれるものの、文節をどこで切って歌うべきか、といったことについては自分では判断のつかない部分も多々あった。そして結局は、マックスと頭を突き合わせて考えていくしか方法がなかったのだが、その作業はやはり相変わらず厳しいものだった。一度そうしたプロセスを体験済みで慣れていた部分もあるとはいえ、前回よりも自分でできることが増えていたぶんだけ選択肢も多くなっていて、どれがベストなのかを選ぶことが逆に厄介になってきていたのだ。

そうして一応の完成をみた音源については、アトランティック側から駄目出しを喰らってしまい、なんとヴォーカル・パートだけもう一度録り直すことになってしまった。一度は帰国していたマックスがそのためにまたやって来て「また今日から2人で頑張ろう」と笑っていた。ある意味、お互い運命共同体のような感覚だったと思う。

マックスはとても厳しいプロデューサーではあるけども、同時に、とても忍耐強い人でもある。噂によると彼は、自分がプロデュースを手掛けてきたバンドのメンバーをクビにしてきたことが結構あるらしい。それを考えれば、初めて遭遇した際、僕の英語のレベルについて知った時点で、「他にヴォーカリストはいくらでもいるんだから変えたらどうだ?」ぐらいのことを言われてもおかしくなかったはずだけども、彼は一切、そうしたことを口にしたことはなかった。おそらく僕の声があまりに特徴的だったこともあり、普通のアメリカ人ヴォーカリストを入れることは得策じゃない、アイデンティティの喪失に繋がり兼ねないとの判断もあったのだろう。たとえば、オジー・オズボーンの声がそうであるように。彼はオジーのアルバムも手掛けたことがあったし、日本版オジーのように僕を捉えていたのかもしれない。

東京とロサンゼルスでの作業を経て完成されたこのアルバムは、日本では『ＳＨＡＤＯＷＳ　ＯＦ　ＷＡＲ』、世界では前述のようにボーカルを録り直したものが『ＬＩＧＨＴＮＩＮＧ　ＳＴＲＩＫＥＳ』としてリリースされた。１９８６年7月のことだ。ビルボード誌のアルバム・チャートでは、なんと前作を超える64位まで上昇。あの実績を上回ることができたというのは、素直にとても嬉しかった。現地の雑誌の人気投票などにも名を連ねるようになっていたし、ツアーについては、ポイズンやシンデレラをオープニング・アクトに起用しながらヘッドライナーとして回ったこともあれば、ビッグ・ネームたちの前座の話がたくさん舞い込んできたりもした。キッス、ジューダス・プリースト、アイアン・メイデン……名だたるバンドからオファーが来て「誰と回りたい？」と聞かれるほどだった。飛ぶ鳥を落とす勢いというのはこういうことを言うんだな、と思った。もちろんこちらとしてはすべてのバンドと一緒にやりたいくらいだったけども、ツアーの時期が重なっているからひとつだけ選ばなければならない。それで結果、僕らが選んだのはＡＣ／ＤＣだった。

ＡＣ／ＤＣと回れるなんてとても名誉なことだし、ツアー自体の成功が確約されているのも同然だと思っていた。ただ、ＡＣ／ＤＣのお客さんは怖かった。彼らはまさに、ＡＣ／ＤＣが命。だから前座バンドのことなどほとんど眼中にないし、なかには「ＡＣ／ＤＣのステージを汚すな！」ぐらいの排他的な見方をしてくる人たちもいる。モトリー・クルーの時は観客席にも結構ウェルカムな感じ、「おまえらも応援してやるぜ！」的な空気があったのに対し、ＡＣ／ＤＣのファンはＡＣ／ＤＣしか観ていない。特に東海岸はきつかった。客席から唾を飛ばされたこともあった。

加えて、アメリカ人たちの視線が、前作の時とは少しばかり違ってきていることに気付かされた。モトリー・クルーとのツアーの時に「初めてアジアから出てきたロック・バンド」と見られていた僕らは「こいつらなかなかやるぞ」という評価をもらい、オーディエンスにも興味深い存在と見られていたはずだ。ところがアメリカ全土を3周ほどツアーして回り、チャート・アクションも良好ということになってくると、大袈裟な言い方かもしれないが、ちょっとした貿易摩擦みたいなことが起こり始めたのだ。「我々は日本車に乗り、日本製のカーステレオで、いまや日本のロック・バンドを聴くようになっている」というような、ちょっと皮肉めいたニュアンスを込めてニュースで取り上げられるようなこともあった。まさに出る杭は打たれる、というやつだ。

しかも、先ほども言ったように、本当の根っからのラウドネスのコア・ファン、つまり初めてサンフランシスコでコンサートを行なった時に観に来てくれたようなファンには困惑もあった。彼らはある意味、裏切られたような感覚、僕らがアメリカ市場に合わせて変わってしまったという印象を抱いていた。そうしたファンは『LIGHTNING STRIKES』を『THUNDER IN THE EAST』よりも気に入ってくれたはずだし、「こうあってこそラウドネスだ！」というような反響の声も実際にあった。ところが逆に、MTVで「Crazy Nights」のビデオを観てラウドネスを知ったような人たちのなかには、あのアルバムに対してちょっと難解だと感じる向きもあったようだ。なんだかアメリカでのラウドネスの受け止められ方が二極化しつつあるようなところがあった。それこそ「Crazy Nights」しか知らないような人たちは、ラウドネスをアメリカのバンドだと思っていた。ちょっと歌い方に癖のあるヴォーカリストがいるロサンゼルスのバンド、というふうに。まさかメンバー全員が日本人だとは思ってもみなかった、と言われることは実際よくあった。だから人気を獲得しているようではあっても、誰もが自分たちのことを正確に把握してくれているという状況ではなかったし、アメリカという国の広大さ、全土に浸透させるのにはとても時間がかかるんだということを思い知らされもした。

しかも音楽シーンの動向というのは移り気なもので、新しいものが出てくれば飛びつくけども、さらに新しいものが出てくれば流れはそちらへと向かっていく。チャート実績もあり、アメリカ・ツアーを何周もし、MTVや音楽雑誌でも人気者になっていたラウドネスが次のレベルに進むためには、アメリカに根を生やしていくべきなのではないか、というところに差し掛かりつつあった。そうした兆候が、当時はあったと思う。話はやや飛ぶけども、そういった意味で、そのさらに次のアルバム、『HURRICANE　EYES』はある種のターニングポイントになったといえる。

1986年の末には、初めて日本武道館で演奏した。サウンドチェックで初めてあのステージに立った時、「あれ？　意外と狭いんだな」と思った。いかにアメリカで広いところでばかりやってきたかということなのだろう。アメリカのアリーナの平均からすれば、武道館は中規模クラスということになる。アメリカでの僕らは極端にデカいアリーナか、狭いクラブかのどちらかで演奏してきた。武道館に対しては途轍もなくデカい会場だというイメージを抱いていたから、少しばかり拍子抜けした記憶がある。久しぶりに実家に戻ってきてみたらその狭さに愕然とした、というのに似ているかもしれない。とはいえ、歴史ある武道館のステージに立てたという事実に、当然ながら感動はあった。

立ち込める暗雲、変化の時

1987年の2月、次なるアルバム制作が始まった。この時のプロデューサーは、エディ・クレイマーだった。レッド・ツェッペリンやジミ・ヘンドリックスとも仕事をしてきた伝説的な人物だ。彼は、曲というもの自体をもすごく重要視する。「ギター・ソロもまだ要らないしアレンジもあとからでいい。とにかく欲しいのはフックのあるメロディだ。何よりもいい曲を聴かせてくれ」ということを僕に言ってきた。マックス・ノーマンが伴奏ありきというか、カッコいいリフとカッコいいアレンジがまずあるうえで後から歌を載せればいいという発想だったのに対して、エディは「曲そのものが核だ」というタイプ。「曲さえ良ければ、あとは勝手にもっと良くなっていく」とも言われた。僕は正直、困ったことになったな、と思った。なにしろヴォーカル・メロディありき。これは今までとは勝手が違う。彼がそういう考え方の人だとは、実際に会って話をしてみるまで、まったく知らずにいたのだ。

彼は日本にも来てくれて、まずはそこで僕らが事前に作っていた新曲のデモを聴いてもらった。歌詞はまだ、いわゆるハナモゲラ（外国語風）の状態ではあったけども、歌も一応載せてあった。それを聴いてエディは「これはなんて歌っているんだ？　意味がない？　なんてこった！」と言って大爆笑していた。「何も意味のない歌詞を、どうしてこんなに感情を込めて歌うことができるんだ？」とも言われた。英語を母国語とする人たちにとって、そんなやり方は聞いたことがないわけで、「日本人はそんなふうに作っているのか？」と妙に感心された覚えがある。

そのエディが面白いことを言っていた。「名優というのはたとえメニューを朗読しただけでも、電話帳に並ぶ名前を読み上げただけでも感動させてくれるものだ」と。要するに、彼が言わんとしていたのは、歌詞についてはそんなに重く考えなくていい、ということだった。これは目から鱗だった。歌詞に深い意味を持たせて哲学的に何かを訴えようとする必要はない。気の利いたこと、意味深長なことを書かなくてもいい。その裏付けとして彼は「なにしろこうして意味のない言葉で歌っていても、お前の歌声はエモーショナルなものに聴こえる」と言ってくれた。「だからあんまり歌詞のことは心配するな」と。こうしたプロデューサーたちの考え方の違いを考えると、先にマックスと一緒に2枚作ったあとでエディと組んだのは流れとして良かったと思う。先にエディと組んでいたなら、僕はあとから苦労することになったのかもしれない。

マックスは測定器を使ってタイミングや音程を測るようなことまでする人。エディはそういうことを一切しない。人間がやっているものなんだから多少狂っているのが当たり前だ、という考え方をするタイプだった。マーくんがある曲でベースを弾いた時、テンションが盛り上がって何かフレーズを入れたことによってリズムが少しヨレてしまったことがあった。それは彼としては上手く弾けていないテイクだったから「もう一回録りたい」と言ったところ、エディは頑としてそれを受け付けなかった。「何を考えてるんだ？　このちょっと危なげなところが緊張感なんだ」と彼は言っていた。マックスだったらすぐさま「間違ってるぞ、やり直し！」ということになったはずだ。プロデューサーによって考え方もいろいろあるものなんだな、と痛感させられた。

とはいえエディとのヴォーカル録りは、マックスの時に負けず劣らずキツいものではあった。音程がどうのこうのといったことよりも、彼はパフォーマンスという言葉をよく使いながら駄目出しをしてきた。たとえば「発音はまったく問題ないけども、もっとグッとくるヴォーカル・パフォーマンスができるはずだろ？」といった具合に。もっと激しくシャウトしてくれ、もっと泣かせてくれ……彼が付けてくる注文はそういった感覚的なものが多く、それは僕にとってみれば、正確に歌うことより一段階も二段階もレベルの高い要求だった。ほんの少し前までRとLの発音の違いも身に付いていなかった自分としては、リトルリーグからいきなりメジャーリーグに上がったような感覚だった。歌入れはアメリカで行ない、歌詞は現地の人にも手伝ってもらいながら完成させていった。この時に力を貸してくれたのは全員がヴォーカリストで、エディと人脈的に繋がりのある人たちだった。彼らが僕の書いた歌詞に手を加え、ガイド・ヴォーカルもがっつり歌ってくれた。「こういうことを歌いたいならこのフレーズのほうが絶対カッコいいから」とか、「ここにこんなフレーズを加えるとアメリカ人はグッとくる」といった助言をくれながら、僕に役立ちそうなちょっとしたテクニックをあれこれと伝授してくれたものだ。現役のヴォーカリストたちがマンツーマンで教えてくれるわけで、あれはとても勉強になった。ジェフリアにいたデイヴィッド・グレン・アイズレー、エース・フレーリーのバンドで歌っていたトッド・ハワースなどもそこに含まれていた。

メジャー・シーンに登場することはなかったけども、ずっとローカルで活動していたスティーヴ・ジョンスタッドというヴォーカリストも協力してくれた。僕にとっては兄貴のような存在だった。ものすごく声量があって、歌も上手く、「こんなすごいやつがロサンゼルスのローカル・シーンでくすぶってるのか」と衝撃をおぼえるほどだった。彼はエディとよく仕事をしていて、曲作りの時に仮歌を手伝ったりしていたようだ。ヴォーカル録りの時は、その曲の作詞を手伝ってくれたシンガーがずっとそこにいてくれて、僕がちょっとつまずくと、さすがに同業者だけあって何故そこで止まっているのかを即座に理解してくれて、端的な指示をしてくれる。それによって、家で練習していてもなかなか歌えずにいた箇所が、途端にすんなり歌えるようになったりもした。

『ＨＵＲＲＩＣＡＮＥ　ＥＹＥＳ』は、ラウドネスにしては珍しいほどヴォーカル・ハーモニーを多用した作品でもある。コーラス録りの時は８人ぐらいヴォーカリストがスタジオにやって来て友情出演してくれた。そのなかには、あのマーク・スローターもいた。当時、僕はミッキーと呼ばれていたんだけども、「ミッキーのためなら」とみんな言ってくれて、ノーギャラで参加してくれた。みんな仕事が早くて、ほぼワン・テイク。瞬時にしてすごいコーラスができあがった。『ＨＵＲＲＩＣＡＮＥ　ＥＹＥＳ』は、ラウドネスでいちばんゴージャスなコーラスが入ったアルバムということになるだろう。

アルバムは1987年の夏にリリースされ、今度はストライパーと一緒に北米ツアーを行なった。ただ、少しばかり雲行きが怪しくなりつつあった。同じ頃、レコード会社に組織変更のようなことがあって、ずっとラウドネスのことを親身になって手掛けてくれていたスタッフもみんな解雇されてしまった。会社に行くといつもその人が面倒を見てくれる、というような間柄だった人たちがみんないなくなってしまった。まだ全米チャートではハード・ロックが人気を博していたし数々のメガ・ヒットが生まれていたけれども、少しずつ市場の状況は変わりつつあったのかもしれない。

何年か後の話になるけれども、アメリカではのちにグランジのムーヴメントが発生することになる。ラウドネスのツアー・マネージャーをやっていたケリー・カーティスという男がいて、いつだったかツアーの時に、「俺がシアトルで面倒を見ているバンドなんだけど聴いてみてくれ」と言って聴かせてくれたのが、何を隠そうパール・ジャムのデモ音源だった。すごくシンプルな音で、演奏は下手くそだなと思った。古くさい感じもした。ところがそのケリーは、そのままパール・ジャムのマネージメントを手掛けるようになり、彼らやニルヴァーナ、サウンドガーデンといったバンドがひしめくシーンの最重要人物のひとりになった。時代を読む目、先見の明のある人だった、ということになるかもしれない。グランジ台頭のおかげで、メタルは音楽シーンの隅に追いやられることになるんだけども。

話を戻そう。実際のところ、『HURRICANE　EYES』のアメリカでの成績は今ひとつだった。トップ100にも届くことなく、ほどなくアルバム・チャートからも姿を消してしまった。もう少しは行くと思っていたんだけども、ツアー自体もストライパーと回り終えたところで終わってしまった。あのままもう2周ぐらい北米各地を回っていたら、もっと成果をあげられていたんじゃないかという気もする。ただ、アトランティックもあまり期待してなかったようで、純粋にアルバム自体の出来が良かったから最低限のことはしてくれる、という雰囲気だった。実際、社内でもいろいろな話が出ていたようで、ラウドネスとの契約を切るべきか、もう1枚作らせてみて様子を見るか、といった議論もかなり重ねられていたらしい。ただ、そこで僕らのことを猛烈にプッシュしてくれるスタッフというのは、もうアトランティックには残されていなかった。

そうした事情もあってプロモーションにも行き届かないところがあったし、僕自身が受けるインタビュー取材の本数も、それまでとは比べものにならないほど減っていた。

要するに、アトランティック内でのプライオリティが下がっていたということだと思う。かつては夜もろくに眠らせてもらえないほどのインタビュー攻勢を受けて、あらゆる街のラジオ局に行っていたのに、そうした動きがどんどんなくなっていった。これは僕らに限らず、多くのバンドが同じ頃に経験していたことだろうと思える。やはり音楽シーン自体が、過渡期を迎えつつあったのだ。

1988年は、日本国内を重点的にツアーした。そしてその年末、僕は大きな転機を迎えることになる。

バンドがすでにロサンゼルスで次のアルバムの制作に着手し始めていた頃のことだ。ふたたびマックス・ノーマンと組んで作業をすることになり、僕の兄貴分であるスティーヴが今回も歌詞作りを手伝ってくれ、歌のコーチ役を買って出てくれていた。僕らはすでにデモを作り始めていた。

そんな頃、とてもショックな出来事があった。アルバムのプリプロダクションが進みつつあった頃のある日、アメリカ人ジャーナリストの電話インタビューを受けることになった。すると彼は、こう切り出してきた。「アメリカ中で〝ラウドネスのヴォーカルが変わる〟という噂がある。実際、いろんなヴォーカリストに声がかかっているらしい。

それは本当なのか？」と。それを彼は、こともあろうに他ならぬ僕に直接尋ねてきたのだ。僕自身、その時点ではそうした動きがあることをまったく知らずにいたというのに。ただ、バンド内の空気にちょっとそれまでとは違うものを感じていた頃ではあった。とはいえ僕としては衝撃的だったし、頭のなかで本当にガーンという音がするようだった。当時はちょうど、僕と他のメンバーたちは別のスタジオで作業をしていて、コミュニケーションがあまりとれていなかった時期でもあった。僕のいないところでどういう話が進んでいるのかも知りはしなかった。そして数日後の朝、メンバーたちが揃って、僕の部屋にやってきて「ヴォーカルを変えてやっていきたい」と直接告げられた。

そこでタッカンに言われたのは「アメリカ人のヴォーカリストを入れた形での可能性を一度探ってみたい」ということだった。日本人ヴォーカリストの限界というようなものを、彼は感じ始めていたんだろう。それまですでに8年近く一緒にやってきていたわけで、僕のヴォーカルが飛躍的に変わるということは考えにくかっただろうし、ちょっと違うことを試してみたいという気持ちがあったのだと思う。世界を目指すバンドとして、ラウドネスがまだ試していなかったことのひとつがそれだった、という言い方もできると思う。僕が歌うことがこのバンドのアイデンティティでもあったはずだけど、人によってはそれを弱点、欠点と見ていたかもしれない。ならばそこを思い切って変えてみよう、という判断に彼らは至ったわけだ。実際にやってみないとどうなるかはわからないけども、それを試してみるまでは諦めきれない、という想いだったんじゃないだろうか。

僕には、バンド4年説という持論がある。バンド活動をしていると、だいたい4年に一度くらいは何か大きな出来事があるものなのだ。それくらいの周期でメンバーが変わったり、場合によっては解散に至ったりすることもある。ラウドネスはデビューから4年を経たあたりで海外進出するようになり、それからさらに4年を経て新たな転機を迎えた。そういうことだったんだろうと思う。新しいことをやるなら今だ、とみんなは考えていたのだろう。ただ、もちろんこんなふうに状況を分析することができるようになったのは、少し時間が経過してからのことだ。僕の部屋を訪ねてきたメンバーたちにこのことを通告された時、最初はどういうことなのか、よくわからなかった。だけど確かなのは、もうそこに僕の居場所はないということだった。翌日、僕は荷物をまとめ、日本への帰国便に乗り込んだ。

第四章

決別、再生

DREAMS OF DUST

独り模索する、進むべき道

僕は、バンドを解雇された。それによりラウドネスはヴォーカリスト不在の状態になり、予定されていた日本国内でのライヴも全面的に中止となった。新聞にも「二井原脱退によりツアー中止！」という記事が出た。それを見た実家のおふくろから電話があり「あんた、ラウドネス辞めたんか？」と言われたので「ちゃうわ。クビになったんや」と答えた。脱退と解雇ではえらい違いだが、僕がもはやラウドネスの一員ではないという事実は同じことだった。「どないすんねん、あんたこれから」と聞かれたが、僕はその質問に即答することができなかった。

バンドを離れることについては、納得できるとかできないといった話ではなく、それ以外に選択肢がないという気持ちだった。メンバーが揃って直接そう言ってきたということは、こちらが残りたいと言い張ったところでどうしようもなかったはずだ。要するにそれは相談ではなく、〝通達〟だったのだ。よく「頭のなかが真っ白になる」という言い方をすることがあるけども、本当にそうなることがあるのだということを僕は知った。あの通達を受けた時、一瞬、本当に思考回路が停止してしまい、何も理解できなくなったのだ。あまりに強すぎる衝撃を受けてしまうと、人はそういう状態に陥るものなのだろう。

ただ、その反面、ちょっとだけホッとしたところが自分にあったことも否めない。実のところ、『HURRICANE EYES』のミックスをしていた頃から、なんとなくある種の不穏さを僕は感じ取っていたのだ。たとえば、現地のヴォーカリストが何人も集まってコーラスを録っているさまはともかく、僕がそうした人たちに歌詞や歌メロ作りなどを手伝ってもらっている様子について、他のメンバーたちが「なんで自分ひとりでできないんや？」と感じていたとしてもおかしくないし、タッカンからそれに近いことを言われたこともあった。

うちのヴォーカリストは第三者のアドヴァイスがないと何もできないのか？　みんなは誰の力も借りずに自分のパートに取り組んでいるのに何故あいつだけ外に協力を求めているんだ？　そんな想いも、おそらく彼らのなかには鬱積しつつあったのだろう。だから、たまに冗談交じりに「ヴォーカル、変えよか？」なんて言葉が出てくると、僕の耳にはそれが単なる冗談には聞こえなかった。だから笑えなかった。実際にそういった火種がみんなのなかにあるからこそ、そういう言葉が出てくるんじゃないかと感じるようになっていた。バンドを辞めれば、同時にそうした状況から脱することができる。僕がほんの少しだけ安堵感をおぼえた理由もそこにある。

とはいえ、もしもアルバム・セールスなどの実績が絶好調な感じで上向きな状況にあったなら、誰もそんなことは気にしなかったのかもしれない。実際、全米アルバム・チャートの100位圏内に名を連ねるだけでも本来はすごいことなのだが、前二作がトップ100入りを果たしていただけに、120位台止まりだった『HURRICANE EYES』の成績は、自分たちのなかでもあまりパッとしたものには感じられなかった。そんな状況にある局面では、誰でもまずマイナス要因が何なのかを突き止めようとするものだ。あの当時、彼らのなかでその答えは、僕という存在だったのだろう。

もちろん僕には僕なりの言い分もあった。アルバムを何枚か作った程度で、ネイティヴのように英語を操れるようになれるわけではないし、アメリカ人のシンガーたちと同じような感覚で歌詞を書けるようになれるはずもない。僕は僕で、血のにじむような努力を重ねてきたつもりだった。のちにメンバーたちはみんな「あの時は酷いことをした」と謝罪の言葉をかけてくれたけども、当時の僕は、それまでの自分の努力が認めてもらえていないように感じていた。

とはいえ、僕自身にも良くない部分は実際あった。自分自身のコンディション管理というものがろくにできておらず、酒もよく飲んでいたし、プロフェッショナルなミュージシャンとして、まだまだ未熟なところが多々あった。自分もまだまだ若かったし、みんなも同じように若かった。年齢的には20代後半になっていたわけだが、30歳になる前に何かしらの答えを見つけなければ、という焦りめいた気持ちも、彼らのなかにはあったのかもしれない。

繰り返しになるけども、『ＨＵＲＲＩＣＡＮＥ　ＥＹＥＳ』のセールスは、その先の音楽人生を悲観しなければならないほど悲惨なものだったわけではない。が、前二作の成績を超えられなかったというのが印象として良くなかった。そして時代の波、レーベルの組織変更など、バンドにとって向かい風な状況から、それを打破するべく、そういう流れになることも、理解できない話ではない。とはいえ、僕は自分が離れた後のラウドネスの動向についてはあまり詳しくない。というのも、自分のことで精一杯だったからだ。

１９８９年早々、僕は「当面はソロのシンガーとして活動していく」と表明したらしい。正確には憶えていないが、ウィキペディアなどにはそう書かれているので、たぶん近いニュアンスのことは言っていたのだろう。ラウドネス離脱からソロ始動までに、さほど空白の時間が生じることはなかった。急いでいたわけではなかったが、ゆっくり休もうという気持ちにはなれなかったし、僕にはすぐに動き出すしかなかった。

人間というのは暇になるとろくなことを考えないものだ。それに、休むことができるのは余裕のある人だけであって、僕には正直、余裕なんてものはなかった。大学生の頃から本格的に音楽活動を始め、気が付けばプロになっていた僕ではあるが、大学をきちんと卒業していたわけでもなければ、何か資格を持っていたわけでも、バンド活動のかたわら他の仕事をしてきた経験があるわけでもなかった。つまり、もう20代も終わりのほうに差し掛かっているというのに、僕はまだ一度も社会に出たことがなかったのだ。会社勤めをしてタイムカードを押したこともないし、業務的に正しい電話のかけ方、伝票の書き方ひとつすらわからない。

仮に、音楽を諦めて違う人生をやり直そうとするなら、この時期に心を決めていればまだ間に合っていたのかもしれない。もう一度大学に戻り、しっかりと学位をとって教師になる、といったことも不可能ではなかっただろう。だけども音楽以外のことをしたことがなく、それ以外の世界について知識もなかった僕としては、歌い続けていくこと以外に生きる術がないという気持ちが漠然とあった。音楽をやりたいというよりも、やるのが当然、やるしかない、それ以外に選択肢はないという感覚だった。いつか何か他のことをやってみたいという、ひそかな願望を抱いていたわけでもなかった。

そんな自分自身に対して「おまえ、歌う以外に何かないのか？」と自問もしたし、音楽しかない自分というものに気付いて愕然とさせられもした。音楽を続けるにしても、今にして思えば、このタイミングで少し休養を取り、何ヵ月間かだけでも冷静に頭を冷やして、自分が進むべき音楽的方向みたいなものについてしっかりと検討し、考えを整理してから動き出したほうが良かったようにも思う。

とはいえ、ラウドネスでの自分が終わり、明日からどこに向かうべきかが見えていなかった自分に「うちからアルバムを出しませんか？」という話がくれば、それに飛びつきたくなるのが人情でもある。事実、幸いなことに僕はそうした話をいくつかの会社からいただき、そのなかのひとつにラウドネスのデビュー当時から縁のあった日本コロムビアからのオファーがあった。だったら今すぐ作ろうか、と僕は思った。ただ、ラウドネスと関わりの強いスタッフとは関係を断ちたかったから、それまでのマネージメントとは決別した。マネージメントの社長はそのまま僕を手掛け続ける心づもりだったようだけども、ラウドネスの二井原ではなくなった以上、ゼロから始めたいというのが僕の本音だった。正直、自信も何もなかった。結果、僕は従来のマネージメントとはまったく関係性のない事務所に移籍することを選び、初めてのソロ・アルバム制作に取り組むことになった。

新たな環境での作業は新鮮だったし、それはそれで楽しかった。ただやっぱり、前に進まないといけないという気持ちが先走り過ぎていたようにも思う。少しばかり焦り過ぎていた。レコード会社側も「早くやりましょう!」とプッシュしてくれていたが、それは単純に、僕が世間から忘れ去られてしまわないうちに出したかった、というだけのことだったかもしれない。加えて、僕自身が焦っていたのは、自分に何ができるのかがわかっていなかったからでもあった。

僕のそれまでのキャリアにおいては、ずっと高崎晃という人が音楽を作り、そこに僕がメロディや歌詞を載せるということをしてきていた。もちろんそれ以外の手段というのも知ってはいたけど、実際に音楽を生み出す作業として、ゼロからすべてを考えるというのはしたことがなかった。だから正直なところ、「どうしたらいいのかな?」というのはあったし、サウンドのあり方についても迷いがあった。自分のなかで「これだ！」という明確なものがないままに、ソロ・アルバムの制作が始まってしまったのだ。そこにあったのは「ラウドネスとは違ったことをしなければ」という漠然とした感覚だけだったかもしれない。

とはいえ、いきなり歌謡曲みたいなことをやりたかったわけでもないし、ものすごく渋いブルースみたいなことをやるのも違うだろうな、というのがあった。そして会社側には、やっぱり〝元ラウドネスのシンガー〟としての自分、すなわちハード・ロック／ヘヴィ・メタルの要素が世に求められているはずだという読みが当然のようにあった。僕の歌の横では、常に歪んだギターが鳴っている――そうしたイメージがとうに定着していたのだ。

その年の6月、『ONE』と命名された、僕にとって初めてのソロ・アルバムがリリースされた。タワー・オブ・パワーのホーン・セクションが参加するなど、ラウドネスの作品にはあり得ないような要素も含まれていたけども、客観的に見れば〝ちょっとメタル寄りの歌もの〟といった感触の1枚に仕上がっていたと思う。

この当時、僕の横で歪んだギターを鳴らしていたのは、Chachamaruこと藤村幸宏という男だ。この本の序盤にも名前が登場しているが、彼は佛教大学時代の同級生で、ともに軽音楽部で活動してきた旧知の友人でもある。当時、プログレッシヴ・ロックのバンドなどをいろいろやっていた彼に、アレンジをお願いし、一緒にやってもらうことになった。彼は僕の歌のいいところをよく知ってくれていたし、こちらが伝えたイメージに沿ったことを形にするために、とても頑張ってくれた。もちろんギターもたっぷり弾いてくれたし、さまざまなアイデアも提供してくれた。

彼には基本的に、レコーディングのプロセスすべてに立ち会ってもらっていた。なにしろ僕よりもずっと感度のいい耳の持ち主だから、「そこがちょっとおかしい」とか「そこはこうしたほうがいいんじゃないか?」などと本来ならば自分で指摘すべきところを、かなり彼に委ねていたところが大きかったのだ。アレンジ面でも、基盤となるものを作ってくれていたのはほとんど彼だったし、当然ながらホーンのアレンジはタワー・オブ・パワーに任せていた。他に、スタジオ・ミュージシャンとしてあまりにも有名なマイケル・ランドウ、ジャーニーのスティーヴ・スミスなども参加してくれた。僕の新たな門出のために、ものすごい人たちが力を貸してくれたのだった。

当然のごとく、ソロ・アルバムに伴うちょっとしたツアーも行なった。Ｃｈａｃｈａ

maruはもちろんのこと、ハリー・スキュアリーにいた中間英明君、44マグナムのJOEこと宮脇知史君もサポート・メンバーとして協力してくれた。そして、そのツアーから話が膨らんでいったというか、Chachamaruとのパートナーシップの発展形として、新たなバンドが生まれることになった。ベーシストも彼の人脈から合流した永井敏巳君、ドラマーは手数王こと菅沼孝三君。そうそうたる凄腕プレイヤーが一堂に会することになった。それが、デッド・チャップリンだ。このバンド名が、レッド・ツェッペリンと韻を踏むものであることは言うまでもなく、深い意味はない。いわゆる洒落である。

デッド・チャップリンは1990年に始動し、その年の3月にはアルバム『Ded Chaplin 1st』を発表している。それは、ソロ・アルバムの『ONE』に続くものというよりは、明らかにそこから転じた新たな流れの始まりにあたるものだった。

ただ、レコード会社側は、僕とChachamaruたちの関係がバンドという形に発展していくことを、あまり望んでいなかったようだ。会社が求めていたのは、あくまで二井原実という僕自身の名義でのアルバムを作ることだった。馴染みのない新しいバンド名よりも、ロック・ファンに浸透している僕の個人名を掲げたほうが、世の中に向けて強く打ち出せるのではないか、という考えもあったのだろう。加えて、ソロのほうがさまざまな方向性、可能性を試すことができるという点を重視していたのかもしれない。バンドということになれば、当然バンド・サウンド主体のスタイルになってくるし、バンドとして目指す方向性というものが伴ってくる。それに対してソロであれば、そこに僕の歌というものだけが核としてあれば、「今回はこんな感じだけど、次は逆にこんな方向へ」というように、手を変え品を変え、時代の流れも意識した動き方をしていくことができる。それこそ会社としては、ソロのロック・シンガーが歌うバラードといった感じの楽曲で、大型のタイアップとかを狙っていた部分もあったのかもしれない。

しかもデッド・チャップリンには、ひと癖もふた癖もあるようなエグいメンバーばかりが揃っていた。超テクニシャン揃いで、演奏スタイルもストレートなハード・ロックとは一線を画す、むしろプログレとジャズを掛け合わせたかのようなものだった。レコード会社の人たちからすれば、「いかにも言うことを聞いてくれなさそうなバンド」に映ったんじゃないだろうか。そうだったとしても僕には頷けるし、正直、そのバンドで僕が歌ってどんなふうになるのかが、担当者にも読めなかったのだろう。実際、「いったい何がやりたいんですか?」みたいなことを言われたこともあったように思う。それなのに、僕らはある意味、ちょっと強引な感じにデッド・チャップリンを始動させてしまったのだ。それが、会社側のやる気というか熱意に、ちょっと水を差すような感じになってしまった。つまり、バンドが動き始めた当初から、そこの歯車は噛み合っていなかったのだ。

デッド・チャップリンは、1991年には『Rock The Nation』、1992年には『FINAL REVOLUTION』というアルバムをリリースしている。音楽性や技術面については各方面から評価をもらえていたものの、セールスは思うように伸びず、商業的には上手くいったとは言い難いところがあった。スタート地点からレコード会社との思惑のズレもあり、なんとなく先方の心証を悪くしてしまっていたし、積極的にこのバンドを売っていこうという雰囲気はそこにはなかった。結果、契約の都合上、作らなければならなかった枚数を消化するような形でベスト・アルバムを出し、そこでバンドは終わることになった。

あまりにも短命に終わったデッド・チャップリンは、時代にインパクトを残すことはなかったが、僕としては面白かったし、純粋に楽しめる場だった。メンバーたちとも一生懸命に曲作りに取り組んでいたし、ある意味、とてもピュアに音楽を楽しめていた。

やはりそこには、ソロ活動からの反動も少なからずあったのだろう。ラウドネスでの経験も含め、バンドで歌うということが染みついている僕には、やはりバンドという輪のなかで歌うことのほうに、より安心感をおぼえ、より大きな喜びを見出すことができたのだろう。逆の言い方をすれば、ソロ活動のプレッシャーを避け、自分にとって心地好いバンドという場に安易に逃げ込んでしまっていたような部分も少なからずあったように思う。今になって冷静に再考してみると、そのように感じざるを得ないところがある。もちろん、デッド・チャップリンのメンバーたちにはとても感謝しているのだが。

それこそ最近ならば、一人の人間が複数のバンドを掛け持ちしたり、ソロとバンドの活動双方を同時進行させるようなケースもよくある。ただ、あの当時はそうしたことをあまり許容したがらない風潮があった。今にして思えば、ソロ・アーティストとしてさまざまな音楽性にチャレンジしながら、それと並行してデッド・チャップリンを動かし続けていくこともできたんじゃないかという気がする。しかし、それをやるには時代的に早過ぎたというわけだ。そういうタイミングの巡り合わせというのは、いつも皮肉なものだ。

高度にテクニカルな演奏に定評のあったデッド・チャップリンの場合、たとえばドリーム・シアター的な路線に活路を見出せる可能性もあったように思う。ただ、90年代序盤の当時、時代的にはすでにグランジが音楽シーンの中心になっていた。ハード・ロック／ヘヴィ・メタルの黄金期は終わり、シンプルでダークで歌詞も陰鬱な、リアリティのあるロックこそが新たな主流になっていた。デッド・チャップリンはまさにそれとは真逆のことをやっていたわけで、時代に味方してもらえなかったというよりは、最初から時代に背を向けていたと言うべきかもしれない。ドラムにしろ何にしろ手数が多くて、楽曲自体も一筋縄ではいかない。みんながそうしたものを求めていない時代に、敢えてそのような音楽を追求していたのだから、ヒットに恵まれないのも当たり前だ。やっている側からすると楽しくても、それが良い結果に繋がり得るご時世ではなかったのだ。見た目の部分でも、ネルシャツと破れたジーンズみたいな普段着でステージに立つグランジ系とは違い、僕らはひとつ前の時代のロック・バンドのままだった。「グランジの人たちはラクそうでいいよね」なんて話をしていたことがあったようにも思う。そういう考え方をすること自体が、すでに古かったのだろう。

そんなわけで、デッド・チャップリンの契約が切れた。いろいろなサポートが得られなくなり、動けなくなってしまった。僕は、大きなピンチを迎えた。

ただ、そういう状況に陥る以前から、僕は自分自身がもっと大きな問題を抱えていたことを認めなければならない。あれは1989年か、1990年あたりからだったと思う。喉の不調が顕著になり、コンサートで思うように歌えなくなっていたのだ。1曲目はちゃんと歌えても、2曲目、3曲目と歌い続けていくと、徐々に声が出なくなっていく。そういったトラブルの発生頻度が年月の経過とともに高くなっていき、喋る声すらも出にくくなってきていた。つまりデッド・チャップリンは音楽的方向性やレコード会社との関係性の問題以前に、何よりも僕自身がしっかりと歌えないという大問題を抱えていたのだ。具体的に言うなら、デッド・チャップリンの2枚目、3枚目あたりがいちばんキツかったように思う。あの当時、今の自分のように声がしっかりと出て歌いあげることができる状態にあったなら、また少しばかり状況は違っていただろうし、バンドの続けようもあったかもしれない。

とにかくいかんせん声が出ない。依然として酒を飲み続けていたせいでもあるだろう。ラウドネスを抜けて、ホントに面白いように声が出なくなった。あのままラウドネスを続けて次のアルバムのレコーディングに突入していたところで、どちらにしても僕にはもう歌えなかったかもしれない。レコーディング中にアウト、ということになっていた可能性も多分にある。少なくともそのまま同じ歌い方を続け、同じ生活態度を続けていたなら、完全に歌い続けられなくなってしまうのは時間の問題だったと思う。

実際、デッド・チャップリンのレコーディングでも休みながら歌っているような状況だった。『ONE』の頃はまだマシだったけども、デッド・チャップリンの1枚目ぐらいから極端に悪化していったのだ。「自分は歌い方を忘れてしまったのだろうか？」とまで思わされるほどだったし、「今までいったいどうやって歌ってたんやろ？」と首を傾げたくなる状況だった。昔と同じ歌い方をしても、どう頑張ってみても声が出ない。それくらい深刻だった。

ぶっちゃけ、デッド・チャップリンであまり精力的なライヴ活動を展開できなかったのは、自分がまともに歌えなくなりつつあったからでもあった。2曲か3曲歌うとすぐ声がガサガサになり、ひっくり返るようなありさまだった。あの当時のライヴを観て、僕の歌にがっかりした人も多かったはずだと思う。実際、ファンレターのなかには「もうこれ以上醜態をさらさないでください」といった厳しいものもあった。もっとストレートに、「引退してください」と訴えてくるものすらあった。そうしたものを目にしながら、もちろん悔しい気持ちはあったけども、当時の僕は、そんなふうに言われても仕方のない状態にあったのだ。

シャラ、樋口さんとの再会

デッド・チャップリンは徐々に尻すぼみになっていき、自然消滅のような形で解散に至った。僕自身については、ろくに声の出ない状態が続いていた。菅沼君はCHAGE&ASKA、永井君は浜田麻里のバックで演奏するなど各々に活動の場を持っていたけども、僕の場合は歌えなければ話にならない。さて、どうすればいいんだろうか？　そんなふうに思っていたところに旧友から電話がかかってきた。シャラこと石原愼一郎である。

彼は突然、「ソロ・アルバムを作るんだけど、よかったら歌ってくれないか？」と言ってきた。リズム隊がどんな顔ぶれになるのかをシャラに訊いてみると「まだ何も考えていないけど、とにかく歌はニイちゃんに歌ってもらいたかった」と言う。これは純粋に嬉しかった。もちろん彼とはかつてアースシェイカーで一緒にやっていたわけで、お互い気心も知れているし、僕には彼に対しての負い目みたいなものも少なからずあった。というのも、アマチュア時代の僕は「もうハード・ロックを歌うことはない」というようなことを言って彼の元を離れ、その後結局はラウドネスに加入してしまっているのだから。そうした経緯もあったから、彼とは何かをやり残している気がしたし、シャラともう一度何かを作れるというタイミングが巡ってきたことが、僕には単純に嬉しかったのだ。喉については相変わらずヤバい状況が続いていたし、その点は気になったけども、とりあえずやってみようじゃないか、という話になった。それが要するに、ＳＬＹ（スライ）結成の発端になったというわけだ。

まず僕は、樋口さんに声をかけてみることをシャラに勧めてみた。ご存知の通り樋口さんはラウドネスのリーダーを務めてきたわけだが、バンドは僕の離脱後にも紆余曲折を重ね、彼自身はその時点ですでにラウドネスを脱退していて、これといった活動の場は持っていないはずだった。それで実際に声をかけてみると、それに対する返答は、ＹＥＳでもＮＯでもなく、「だったら一回、飲もうや」だった。わかる人にはわかる話だと思うが、樋口さんの「飲もうや」はすなわち「やろうや」と同義語である。つまり、ＯＫも同然だったのだ。

そして3人で顔を合わせて話をしていると、「じゃあスタジオ借りようや」という話になった。気付いてみれば、いつのまにか樋口さんが大将のような感じで僕とシャラを引っ張っていくようになっていた。まるで水を得た魚のようだった。

そこで当然のごとく、「ベースはどうしようか?」という話になり、アンセムの柴田(直人)君がいいんじゃないかという話になった。それは面白いな、と僕自身も思った。それで実際、彼にスタジオに来てもらい、まずはその4人でのセッションが始まった。何曲か、曲を作ったりもした。ところがそうしていくうちに、柴田君が「自分はちょっと違うかな」というようなことを言い出した。この布陣に問題があるということではなく、そもそも彼には他にやってみたいことがあるとのことだった。彼としてはアンセムでの活動を通じて燃え尽きたも同然の状態にあり、しばらく作曲活動に専念したいと言っていた。顔ぶれがどうの、音楽的にどうのということではなく、あの時点での彼は、ロック・バンドをやるという気持ちにはなれなかったのだろう。そこで樋口さんもかなり頑張って説得にかかったんだけども、彼の意志は固かった。

結果、他のベーシストを探さなければならなくなった。そこで僕がふと思い出したのは、ナイトホークスの青木秀一君のセッションで一緒になったベーシストがものすごく上手かったな、ということ。シャラにその話をすると「それは寺ちんのことやな、知っとるで」と言う。樋口さんも同様に、彼のことを知っていた。寺ちんとは、寺沢功一のこと。ブリザードのベーシストだった男だ。ブリザードもラウドネスと同様にビーイングに所属していたことがあるので、いわば後輩にあたる。そのわりに僕は、彼のことを知らずにいたわけだが。そこで彼が酒の席に呼ばれた。うちの大将、樋口さんは彼に有無を言わさず「もうやることになってるから」と言い、寺ちんも「はい、わかりました」とその場で快諾してくれた。というか、そうするしかなかったのだろう。

こうして４人のメンバーが出揃い、ＳＬＹが始まったのは１９９４年のことだ。喉の調子は相変わらず最悪で、まさに騙し騙しレコーディングするような感じだった。そして完成に至った最初のアルバム『＄￡￥』は、その年の11月に世に出ている。

ＳＬＹでの物事の流れを時系列に沿って説明するのは難しい。ただ、アルバム制作は比較的コンスタントに行なっていた。１９９５年には『ＬＯＮＥＲ』というミニ・アルバムと、『ＤＲＥＡＭＳ　ＯＦ　ＤＵＳＴ』というフル・アルバムを、１９９６年にはラウドネス時代から縁の深いマックス・ノーマンをプロデューサーに起用して『ＫＥＹ』というアルバムを発表している。このアルバムはかなりプログレ色の濃い作品になった。

そして結果的には、1998年発表の『VULCAN WIND』というアルバムが最終作となった。これについては特に、今でも名盤だったと思っている。

基本的にSLYのアルバムは、いずれも完成度の高い、良くできた作品だった。ソロ名義で『ONE』というアルバムを作った時には、もっと落ち着いて方向性をちゃんと見定めてから制作すべきだったという反省点が残ったが、後からそういった思いが強くなっていったのは、SLYにおいてしっかりと創作活動ができていたからこそでもあるように思う。もちろんそこについては、樋口さんとシャラの功績が大きかった。2人はものすごく前向きに、バンドをぐいぐいと前に推し進めていってくれたし、曲作りにも実に精力的に取り組んでいた。実際のところ、僕自身はそんな彼らに付いて行っていた、というのに近かったと思う。

というのも、肝心の喉がまったく復調していなかったのだ。本当にコンディションが悪かった。レコーディングの現場はまだどうにかごまかしがきいたものの、ライヴでは続けて何曲も歌うことができなくなりつつあった。しかもそうした状況をなんとか強引に打破しようとするあまり、変にがなって歌う癖がついてしまっていた。バイクで言うところの、ふかしすぎの状態と同じだ。それを続けていると負荷がかかり過ぎ、結局はエンジンが止まってしまうことになる。無理矢理がなるように歌えば歌うほど、僕のヴォーカリスト生命は先が短くなっていく。そんな絶望感があった。

ならば、そのがなるような歌い方をやめればいいじゃないか、という意見も聞こえてきそうだが、そういうわけにもいかない。実のところ1988年にラウドネスを解雇される以前から喉の状態は露骨に悪化しつつあったのだが、調子の良し悪しに関わらず声を出さねばならないわけで、当時から僕はがなるようにして歌わざるを得なくなっていた。つまり、それから10年ほどにわたりそういう歌い方を続けてしまっていたわけで、そうした無理矢理な歌い方が、もはや自分のヴォーカル・スタイルのようになってしまっていたのだ。不調によって歌い方が崩れ、それを強引に乗り越えようとしてきたことでさらに悪化の一途をたどるという、まさに悪循環そのものだった。それにより、僕の喉そのものも、そうした歌い方に即したものになってしまっていたのだろう。声が出ないから力む。しかし力むから声が出ない。そうした負のスパイラルに僕は陥っていた。

デッド・チャップリンがそうだったように、SLYもまた、当時の僕のヴォーカル・パフォーマンスがもう少ししっかりしていたなら、状況は少なからず異なっていたことだろう。実際この当時には、僕の喉のコンディションのために、あまり精力的にコンサート活動をすることができなかったのは、とてもふがいない気持ちだった。

SLYのアルバムは、最初のうちはそこそこ売れていたけども、名のあるミュージシャンが揃っていて〝夢のバンド〟などと話題になったわりには、商業的な成功には恵まれなかった。あまり時代のせいにしたくはないけども、ハード・ロック／ヘヴィ・メタルにとっての冬の時代は、依然として続いていたのだ。そうした売り上げ実績からすると、SLYはえらく金のかかるバンドでもあったはずだ。実際、『VULCAN WIND』では制作費がかかり過ぎてしまい、メーカーやマネージメントもかなりの投資をしてくれていたが、それを回収することはできなかった。結果、ギリギリのところで踏ん張ってくれていたマネージメントのほうもお手上げの状態になり、シャラもプロデュース業を本格的に学ぶためSLYを休むか、もしくは脱退するか、どちらかにしたいと言ってきた。そして結果、このスーパー・バンドは崩壊してしまった。

僕の喉のこと、時代の流れなども含め、さまざまな事情から思うような活動ができぬまま終わってしまったSLYではあったけども、久しぶりにシャラとともに音楽と向き合い、一緒にモノを作ることができたのは嬉しかった。いいアルバムを作ることができたと思っているし、曲の作り方の面などでも、SLYでの経験はとても勉強になった。

加えて、ＳＬＹ時代の樋口さんは本当に神がかっていたなと思う。ＳＬＹのアルバム・プロデュースはほぼすべて、樋口さんの手によるものだったと言っていい。リフひとつ、コード進行ひとつから、あの大将が決めていた。もちろんシャラもいろいろと考えてくるんだけども、それをスタジオで煮詰めていく作業は樋口さんの指揮のもとで進められていく。ある意味、あの人がいちばん輝いていた時期だったとも言えるのかもしれない。いつも楽しそうにしていたし、少なくとも僕の目にはそう見えていた。

同じ頃、ラウドネスにもいろいろな動きがあったことについては伝え聞いていた。樋口さん以前にマーくんもすでに脱退していたし、ヴォーカリストについても、僕の後に加わったマイク・ヴェセーラはとうに辞め、その後任として加入したＭＡＳＡＫＩ君も不安定な状態にあったようだ。

ＳＬＹが動き始める以前の僕は、デッド・チャップリンでの日々の活動に必死で、あまりラウドネスの動きを追えてはいなかった。近年のようにインターネットもなかったし、音楽雑誌も積極的には読まなくなっていたから、僕にはそうしたバンド界隈の情報がまったく届いて来なくなっていたのだ。だから、マイクの加入と脱退について聞いたのも、それからずいぶん経ってからのことだったように思う。

実は、マーくんとはSLYで樋口さんと合流する以前に会っていた。デッド・チャップリンの後期、ベースの永井君が、先に決まっていた他のアーティストの公演スケジュールが重なってしまったためにどうしても参加できないライヴがあり、そこで急遽、マーくんに弾いてもらったことがあったのだ。

「デッド・チャップリンのベース、俺に弾けると思うか？　無理やであんなもん」と彼は言っていたけども、ものすごく頑張ってくれた。ドラムはそうる透さんに代わっていた。その布陣でイベントとフェスに何本か出て、短いツアーもしたのだが、その際に初めていろいろと、マーくんがいた頃の最後のアメリカ・ツアーの話などを聞いた。僕も1988年に放り出されて路頭に迷った……とまでは言わないながらも、どうしていいかわからない時期を経ていた。同じ頃、実はラウドネスもラウドネスでかなりの苦労を重ねていたんだなと知った。お互い、そういう紆余曲折やすったもんだを経験する時期だったのかな、と後になって思わされたものだ。

SLYに樋口さんを誘った時も、マーくんをそのタイミングで誘った時も、妙なわだかまりや躊躇はまるでなかった。むしろ面白いことができるな、と素直に思ったし、だからこそ声をかけたのだ。ただ、SLYのベーシストとしてマーくんを誘うことだけはさすができなかった。というのも、そこに彼を迎えるとなると、バンドの4分の3がオリジナル・ラウドネスということになってしまうからだ。バンドの見え方がそうなることは誰の目にも明らかだったわけで、仮にあの時、僕が誘ったとしてもきっと彼は断ってきただろうと思う。ただ、わずか数週間という短い期間ではあったけども、マーくんとデッド・チャップリンで一緒に活動し、さらに樋口さんとそうしてSLYでの日々を共にしてきたことで、かつての同胞たちとの関係は、他でもない音楽そのものを通じて修復されてきたようなところがあった。そういう意味においても、この時期というのは僕の音楽人生において重要な意味を持っていたように思う。

同じ時期、他にもさまざまな人たちからさまざまな傾向のセッションに誘われたものだ。ロックはもちろん、ジャズやソウルまで、いろいろな機会があった。物真似の第一人者というべきコロッケさんのショウに呼んでもらったこともあった。コロッケさんは一時、ロック的なアプローチをしてみたいということで、瀧川広志という本名でライヴ活動をしていたことがあったのだ。それでも当然、その本名の後に、（コロッケ）と書き添えられていたけども。僕のところに直接、「コロッケと申しますけど」と電話がかかってきて、協力を請われた。あれはなかなか楽しい経験だったし、コロッケさんの芸の素晴らしさに感嘆させられたものだ。さらには渡辺香津美さん、森園勝敏さんと一緒にやったこともあった。もちろんそうした活動はパーマネントなものではなく、あくまで一時的なもので、「このイベントのこのセッションで何曲か歌ってもらえますか?」という形でのオファーであることが多かった。テレビの音楽番組から声がかかることもあったし、当時はそうしたちょっとした仕事がちょこちょこあったものだ。今では音楽番組自体がすっかりなくなってしまったけども。

「声」復調の兆し、そしてリユニオンへ

ＳＬＹが終わり、次に何をやろうかと考えていた時に、ヒーリング音楽的なものをやってみないかという誘いを持ち掛けられたことがあった。言うなればエニグマ（90年に結成された「ヒーリング・ミュージック」の先駆者的な音楽プロジェクト）のような感じの音楽だ。自分にとっては挑んだことのない領域だけに、面白いかもしれないなと思ったが、いかんせん声が出ないという問題があった。それ以外にも興味を惹かれるような

話がいくつかあるにはあったのだが、肝心の喉がこのままではどうにもならないという状況だった。その頃、僕はすでに40歳になる手前だったし、実はプライベートでの破局も2回ほど経てきていた。そのへんのことについては後で話すとして、とにかく結婚生活は破綻した状態にあり、自分が身を置くべきバンドもなければ、所属事務所もないという状態。だから当然、決まった収入もないし、まさにないない尽くしというわけだ。

だから僕は、当然のごとく音楽活動からの引退を覚悟した。同時に、就職活動をせなアカンと思った。まずは履歴書と就職情報誌を買ってくるところから始まった。年齢不問と書かれてある会社を片っ端からチェックして、いくつもの会社に履歴書を送った。なかには、名の知れたレコード会社の制作部門も含まれていた。ところが、どこの会社からも、一通たりとも返信が届くことはなかった。ウンともスンとも誰も言ってこない。もしかしたら、二井原実の名を騙った誰かの悪戯か何かだとでも思われていたんだろうか。もちろん僕自身は、本気だったのだが。

音楽も駄目、就職もかなわないとなると、もはや大阪に帰る以外に選択肢はないのかもしれない。僕はいつしかそう考えるようになっていた。当時はすでにインターネットが普及しつつあって、僕自身もメールを使い始めていたから、仲のいい友達何人かには「こういう事情で、もう音楽を辞めようと思う」ということを伝え始めていた。そして実際、荷物をまとめて大阪の実家に戻ることを考えていたのだが、そんな矢先に返信をよこしてきたのが、ファンキー末吉だった。「まずはちょっと会って話そう」と言う。このメールのやり取りが、次のステップへと繋がっていく足掛かりになった。

彼は、「おまえの気持ちはわかる」と言ってくれた。それと同時に、「だけど、早まるんじゃないよ」とも言ってきた。「おまえの声に対する世の待望論は絶対にあるはずだし、そんな声の持ち主は他にいないんだから、もっと自分が持っているものを大事にすべきだ」とね。とてもありがたい言葉だと思えたし、それに救われた部分がとてもあった。ただ、その時点においては、彼と一緒に何かをするというようなことはまったく考えていなかった。同じ頃、彼も彼で、爆風スランプ周辺であれこれ問題を抱えていたのは確かだけども、他にもプロジェクトをいくつか持っていたし、プロデュース業などでもかなり忙しくしていたからだ。あいつは基本的に面倒見のいいやつだから、あくまで友人のひとりとして、困っている僕を放っておけないという感覚だったんだと思う。なにしろ、わざわざ僕の家まで来てくれたのだ。「おまえは歌っとかなきゃアカンのちゃうか?」、「今さら大阪戻ってどないすんねん」と言われた。そしてついには「もしも俺にできることが何かあるなら言ってくれ。一緒に何か作ってみよう」とまで言ってくれたのだった。

その時点での僕は、もうほとんど決定的と言っていいくらいの確率で、音楽活動から身を引くつもりでいた。だけども彼のせっかくの申し出を無にすることもないと思い、まずは何曲か一緒に作ってみることにした。それが僕にとっての次なるバンド、X.Y.Z.→A始動への取っ掛かりになった。1999年のことだった。まさにどん底の状態にあった自分が、かすかな希望を見出した瞬間がそこにあった。

ただ、バンドがあればそれですべてが解決するというわけではない。僕には何よりも、問題を抱えまくりの自分の声をどうにかしなければならなかった。喉自体が故障しているというよりは、その使い方を間違っているのだろうということには、薄々気付かされていた。なにしろ調子のいい時には、本当に何事もないようにバーッと何曲か歌えてしまうのだから。だけどもその調子の良さに持続性がない、という状態。それはきっと喉というよりも歌い方に問題があるからに違いない。

だから僕は、新たなバンドが始まるのと同時期に、いわゆるリハビリ的な作業に本気で取り組み始めることにした。改めて声楽の先生のところを訪ねてみたり、発声のハウツー（Ｈｏｗ ｔｏ）本をネットで探して買いあさって片っ端から読んでみたりもした。インターネットを通じて、いわゆるヴォーカル・コーチの人たちのホームページにアクセスして調べてみたり、アメリカの結構有名な先生に電話をして悩みを聞いてもらったこともあった。「声を送れ」とのことだったので、自分の声を録音したデータを症状の説明文とともに送り、助言をもらったりもした。その際に言われたのも「声自体は完成されている。問題は歌い方、フォームだろう」ということを言われた。力んでしまいがちな妙な癖をまずは取り除くことが先決だろう、というわけだ。そんな言葉から何となく解決の糸口が見えて、そこからさらに、いろいろなことにトライしていった。

実際、そうやって手に入れたさまざまな情報のなかには、有益なものも、まるで役に立たないものも、試す価値があるとは思えないものもあった。しかし、どうしてもちゃんとした自分の声を取り戻したかった僕としては、まさに藁にもすがるような気持ちだったのだ。発声については、本当に基本的な声の出し方から改めて学び直した。家でも四六時中そうやって発声練習をしていたから、近所の人たちは何事かと思っていたかもしれない。ただ、そうした地道な努力の甲斐あって、少しずつ復調の兆しが見え始めてきた。とはいえ、酒についてはまだまだ懲りずに飲んでいた。飲んじゃいかんな、と思って量を控えるようになったのは、正直に言えば、樋口さんが亡くなる前後ぐらいからだったと思う。その頃から僕は、少なくともツアー中などには飲まないようにするようになった。

X.Y.Z.→Aは、今でこそ年がら年中ライヴをするような動き方をしていないけども、結成当初は年に100本ツアーなども実践するほど精力的に動いていた。ヴォーカルの変な癖というのはある日突然変異のように直るものではなく、ちょっとずつ意識的に矯正していくことで変化していくものだから、そうしてライヴ活動をしながら徐々に方向修正していくという感じだった。だから、最初のうちは厳しくもあったけども、リハビリを続けながら活動を続けていくなかで、「あれ？　今日のライヴは7曲目ぐらいまで乗り切れてたよな」とか「ん？　今夜はライヴ本編はまったく問題なかったぞ」というようなことが起こる頻度が増えてきた。そういう進展が、確実に実感できるようになってきたのだ。確かに、リハビリのみに完全に専念したほうが、治りは早かったのかもしれないけども、そうやって同時進行での実践の場があったからこそ、改善の進み具合をその都度自分でも体感できたことの意味が大きかったように思う。

そうやって復調の兆しが出てきた頃のことだった。年はすでに2000年になっていた。X.Y.Z.→Aのツアー中、バスのなかで電話の着信があった。誰だろうと思って「もしもし」と応答すると、「高崎です」という声が聞こえてきた。それは、まぎれもなくあのタッカンの声だった。

ラウドネス脱退以降、タッカンとまったく接点がなかったわけではない。樋口さんのプロデュースによるコージー・パウエルのトリビュート・アルバムで一緒になったこともあれば、X.Y.Z.→Aのライヴにも何回かゲストで登場してもらったことがあったのだ。デッド・チャップリンの後期にマーくんと再会していろいろと大変だった頃の話を聞いた時には、タッカンもタッカンで苦労してきたし、えらい思いをしてきたんだな、と感じさせられたものだ。もちろんクビを切られた時は悲しかったしショックだったけども、その瞬間こそがそうした感情のマックス地点で、それ以降は徐々に気持ちが落ち着いてきていたし、特に嫌な感情も引きずってはいなかった。心の傷がまったく残っていなかったとまで言えば嘘になるだろうけども、お互いさまなんだと思えるようになっていたし、あれこれ考える以前に僕は自分のことで精一杯だった。そういうことを考える余裕すらなかった、ということだ。

しかも実際、ラウドネス脱退が決まった時というのは、メンバー3人が僕の部屋にやって来て、彼らの口から直接それを言い渡されたわけで、それも良かったのだと思う。もちろんそれを通達された瞬間の衝撃は半端じゃなかったが、誰か第三者から呼び出されて「メンバーがおまえには辞めて欲しいと言ってるぞ」と間接的に伝えられたわけではない。しかも自分自身の声もヤバいことになりかけていたわけで、あのまま続けていたとしても、遅かれ早かれ「もう辞めろ」と言われていたかもしれないし、自分から「これはもう無理や」と諦めていたかもしれない。つまり、実際よりももっと嫌な幕切れになっていたかもしれないのだ。だから結局、あの時期の僕は、一回終わるべきだったのだと思う。それを経て、ある種のリセットをすべきタイミングだったのだ。

電話の向こうからタッカンの声が聞こえてきた瞬間、そうした記憶が一気に脳裏を駆けめぐった。そしてその時、彼が僕に言ってきたのは、「20周年のイベントをオリジナル・メンバーでやりたい」ということだった。僕の意識からは完全に抜け落ちていたが、翌年、つまり2001年は、ラウドネスがデビュー20周年を迎える年だったのだ。しかもそれに際して、あの当時のマネージャーやスタッフとふたたび組むことになるんだという。そんなタッカンの話を聞いているうちに、そういった記念すべき大きな節目に普段はできない特別なことをやるんであれば、それは意義のあることなんじゃないかと思えてきた。ただ、せっかく動き始めていたX.Y.Z.→Aを止めることはできないから、僕は「このバンドを辞めてくれという話なんであれば僕は断りたい」と申し出た。すると彼は、両方のバンドを並行していくことを了解してくれ、「じゃあやろう」ということになった。

その瞬間、ラウドネスのオリジナル・メンバー4人による限定的なリユニオンが決まった。その時点においては、あくまで単発的というか、期間限定の話でしかなかった。それが新しい歴史のスタートになるとは、その時点では微塵も思っていなかった。

第五章
再会、出航
THE SUN WILL RISE AGAIN

再結成ラウドネスの試行錯誤

2000年の5月、タッカンがオリジナル・ラウドネスの復活を宣言した。翌年はデビュー20周年にあたる年。欧米のバンドにも再結成するケースが増え始めていたが、ラウドネスがオリジナル・ラインナップで何か特別なことをするうえでは、これ以上にないタイミングだったといえるはずだ。

僕はX.Y.Z.→Aでのツアー先の移動中にタッカンからの電話を受けたわけだが、彼によれば樋口さんもマーくんも戻ってくるということで、まずは一度みんなで会って話そうということになり、久しぶりに下北沢に集まった。そこで話をした時点では、あくまで20周年のための再集結という前提だったけども、これを機にオリジナル・メンバーで再スタートを、というようなニュアンスの話も少なからず出ていた記憶がある。

とはいえ当時の僕はX.Y.Z.→Aを立ち上げてまだ間もない頃でもあった。あのバンドを立ち上げるにあたり、いろいろな人たちと関わりを持ち始めたところだったし、そこで「ラウドネスが動くことになったからゴメンナサイ」というわけにもいかない。

なにしろX.Y.Z.→Aは、本気で引退しようとしていた僕を引き留めてくれたファンキー君と始めたバンドなのだ。しかもデビュー・アルバムをLAで録り、いよいよ全国ツアーという流れのなかにいた。何よりもそうした経緯や事情、僕の置かれた立場を、ラウドネス側に理解してもらう必要があったし、双方のバンドの活動を並行できることが、僕にとっては唯一にして最重要な参加条件だったといえる。結果、ラウドネスのオリジナル復活が実現に至ったのは、そこでタッカンたちが納得してくれ、ファンキー君たちも理解したうえで僕のことを後押ししてくれたからだ。とてもありがたい話である。

とりあえず、まずは20周年記念にどんなことができるのかを検討するところから、ラウドネスの新たな流れが始まった。まずはアルバムを作り、記念のコンサートを行なう。オリジナル・ラインナップで久しぶりに作ったスタジオ・アルバム、『SPIRITUAL　CANOE～輪廻転生～』が世に出たのは2001年3月のことで、僕らはそれを引っさげ、全国ツアーも行なっている。その少し後には、ワーナー時代、すなわちアトランティック時代の楽曲を集めたベスト・アルバムも出ているし、復活後の公演の模様を収めたライヴ・アルバム、さらにはさまざまなアーティストたちの協力も得ながらラウドネスのトリビュート・アルバムまでリリースされている。まさしくアニヴァーサリー・イヤーに相応しい華々しい展開だった。

ツアー自体も、とてもいい感じだった。お客さんは「この時を待っていた！」とばかりに狂喜乱舞してくれたし、ライヴ・パフォーマンス自体も良かったのではないかと自負している。そして、そこでの手応えが良好だったから、当然のごとく出てきたのが「じゃあもう1年続けてみようか」という話だった。そもそも期間限定のような匂いの話だったとはいえ、バンドとしてオフィシャルな形で「1年間の限定復活」などと銘打ったわけではなかったし、実際に僕ら自身も明確な着地点を決めていたわけではなかったから、活動を継続させることには何の問題もなかった。ただ、それでもその時点では、少なくともずっと続けていくつもりではなかったし、「しばらく様子を見てみないとわからない」というのが本音ではあった。なにしろあの4人で一緒にやるのは十何年ぶりだったわけで、続けていくことでどうなるか、まったくわからなかったのだから。

そういう意味では、最初のアルバム制作とツアーは、言葉は良くないが試運転のようなものでもあったと思う。そうして実際に始めてみてから、もうちょっとやってみよう、さらにもうちょっと試してみよう、という具合に続いていき、それが2年になり、3年になり、今現在に至ったようなところがある。気が付いてみれば、今となってはオリジナル・ラインナップで80年代に活動していた期間よりもずっと長い年月が過ぎ去っているのだ。その事実には本当に驚かされる。

復活後最初のレコーディングを思い出してみると、昔のままのようでもあり、かつて味わったことのない空気が漂っているようでもあった。不思議なもので、バンドがパッと音を出せば、途端に昔と同じ雰囲気になるという部分は確実にある。これは当事者でないとわからない感覚かもしれない。しかしタッカンの鳴らす音、彼の目指している方向性には、かつてとは明らかに違ったモダンさというか、あの当時ならではの時代感のようなものが伴っていた。ロックの世界では、90年代後半ぐらいから、ヘヴィなダウン・チューニングのもの、ミクスチャー的なものというのが増えていて、実はタッカンもまた、そうしたものにも興味があるというようなことを言っていた。

だから正直なところ、曲作りの時には彼が持ってくるアイデアに対して「ラウドネスでこういう曲を?」という戸惑いが多少なりともあったことは認めざるを得ない。「いい曲ができた!」と言われて仮ヴォーカルを入れようということになり、タッカンが用意してきたものを横で聴き始めてみたら、いきなりラップが聴こえてきたり。そんな場面では、「ち、ちょっとタッカン!」という感じにはなった。「ああ、10年以上も一緒にやらずにいるとこういった変化もあるのか」と思わされた。当時の僕は、そういった世の中の流行りとかトレンドといったものに、まったく興味がなかったのだ。

ラウドネス脱退以降のロック・シーンの流れとして、グランジ以降はヒップ・ホップ的な要素のあるものが増えていたこと、メタルの領域ではスラッシュ・メタルどころではない極端さのデス・メタル的なものが増えていること、そうしたものに人気があることは知っていたけども、それは自分とはまるで関係のないものだと思っていた。だから好き嫌いという次元ではなく、そうした新しい音楽のほとんどを僕は素通りしていた。そんな僕に、樋口さんは「あれを聴け、これも聴いておいたほうがいい」といろいろ勧めてくれていた。つまりタッカンや樋口さんは、自分のスタイルを貫きながらも、常にアンテナを広げて世のトレンドの流れをリサーチし、流行り廃りを把握できていたということなのだろう。当時は随分、彼らから教育してもらったところがあったと思う。

だから当然のことだけども、新しいラウドネスの方向性については、タッカンや樋口さんに完全に任せていた。それが良いとか悪いとかいうのは別として、彼らに何かアイデアがあるのであれば、それに応えていくしかなかった。ただしそのアイデアを自分がどれだけ具現化できるかはわからなかったけども。

同時に、リユニオン後の20周年記念ツアーでは、過去の自分たちというものがいかに求められているかというのを思い知らされた部分もあった。これはどこまで述べるべきか迷うところでもあるけども、そこでのジレンマは当然あったし、意見衝突のようなものも少なからずあったことは認めなければならないだろう。

再結成してからのラウドネスの音楽性に関しては、当然ながら90年代をサヴァイヴしてきたタッカンのテイストによる影響が大きかったし、音楽的にもその時代のラウドネスが体現していたものの延長上にあるへヴィなものだった。しかしそれは、敢えて言わせてもらうなら、僕が知っているラウドネスではなかった。サウンドもアプローチも、何もかもが。さらにライヴで昔の曲をやるにしても、それをかつての形のまま演奏するのではなく、ギター・ソロをバッサリと端折ってみたり、まるでアレンジを変えてみたり、ある意味、80年代のラウドネスを否定するところからすべてを発想しているかのように感じられなくもなかった。バンドが90年代を生き延びてきたこと、今なお現在進行形であることを訴えようとするあまり、どこか歴史や過去を否定するような感触が伴っていたように僕には思えたものだ。

それはいかがなものなのだろうか、という疑問が僕自身のなかにはあった。良いとか悪いとかいう問題ではなく、果たしてこれがラウドネスとしてあるべきサウンドの世界なのか、20周年を一緒に祝ってくれている人たちが求めているものなのか……。そういう疑念が、再集結当初には間違いなくあった。が、そうした想いを過剰に引きずることがなかったのは、その後も作品リリースがとてもコンスタントに続いたからかもしれない。つまり、そこで悩んでいる余裕がなかったのだ。なにしろ復活後第二弾のオリジナル・アルバムとなる『PANDEMONIUM〜降臨幻術〜』がリリースされたのは、『SPIRITUAL CANOE〜輪廻転生〜』のリリースからわずか8ヵ月後にあたる、同じ年の11月のことだった。ある意味、デビュー当時にも匹敵するようなラウドネスらしいリリース・サイクルと仕事ぶりだった。アルバムを作ってはツアーをする。かなりワーカホリック気味に、僕らはふたたびそうした日常を繰り返していた。

ただ、そうして時間を経ていくごとに、いわゆる手探りの深みに嵌まっていく部分があった。ラウドネスのオリジナル復活は素晴らしい出来事だったし、20周年のアニヴァーサリーもめでたいことだったけども、いざバンドが継続的に動き出すようになってくると、さきほども述べたようなジレンマがより具体的なものになっていった。受け手側に求められているサウンドと、自分たちが実際に体現しているものとが乖離しているような状況があったと思う。リユニオン直後の一作目はもちろん、二作目、三作目あたりというのはすごく実験的なところがあった。『PANDEMONIUM～降臨幻術～』もそうだし、その次の『BIOSPHERE～新世界～』、さらに2004年の『TERROR～剥離』あたりまでは、相当にエクスペリメンタルな傾向が強かったように思う。ある意味、「これは受け入れられなくてもいいやろ」ぐらいの突き放したところで作品を作っているような部分もあったようにも思う。

そこで、バンドのなかで揉めるわけではないのだが、たとえば「もっとストレート・アヘッドな、ある意味80年代的な要素のある曲を普通に作ったほうがええんちゃうか?」ということを樋口さんが口にしていたこともあった。でもやっぱりこのバンドにおける音楽的な核というのは、ギタリストであり作曲を手掛けるタッカンに他ならない。いわばディープ・パープルにおけるリッチー・ブラックモア的存在だ。そこにみんなの注目が集中しているという現実もあるわけなので、そこはちゃんと見せたほうがいいという意見は樋口さんにもあった。とはいえ面白いのは、タッカン自身は、「いや、俺はもうそういうことには興味がない」というスタンスだったということだ。意外だと思われるかもしれないが、彼はギタリー・ヒーロー的な見え方というのをさほど求めていなかったのだ。そういう部分での喧々諤々は、スタジオのなかでも常にあった。もちろんこれは近年のことではなく、あくまで「当時はそうだった」という話だけども。

僕は僕で、依然としてまだ喉が本調子ではなかった。確かに復調傾向にはあったけども、昔みたいな曲で、カーンと突き抜けるような声でパフォーマンスできるのかと言われれば、それにはまだ少し無理があった。レコーディングではなんとかなっても、ライヴでそれをやることには依然として困難さが伴っていた。だから自分自身としては、まだまだもがき続けている時期が続いていたのだ。どうすれば僕が持っているこの声と、21世紀のラウドネスが目指すものとの接点を見つけ、落としどころを見つけることができるのか？　どう落とし前を付けたらいいのか？　それもまた、文字通りの手探りだった。再集結後、最初の3枚ぐらいには、特にそういったところがあったように思う。

読者のなかには、初期のような楽曲よりもドロップ・チューニングのヘヴィな曲のほうが僕にはラクなんじゃないかと捉える人がいるかもしれない。確かに単純に考えればそうだろうが、かならずしもそうではない。たとえばチューニングを下げた曲の場合、当然ながらその曲における高域も低くなるし、いちばん高い部分も、普通からすればすごく高いキーではあっても、僕のなかではさほどでもないものになる。ところがその状態のままで歌ってしまうと、声域に余裕があるために二井原実らしいハイトーンにはどうしても聴こえないのだ。そこで僕らしい声の響かせ方でその曲のピークを作るには、さらに上げなければならなくなる。つまり全体がヘヴィで低い場合ほど、クライマックスの部分は逆に上げなければならないということなのだ。そのために僕は、自分らしいハイトーンを求められる曲では、限界ギリギリの高音に挑まなければならなかった。

ただ、いわゆる平歌の部分というのはキーが低い。それは自分が従来あまり使ってこなかった音域の声ではあったけども、その声域の使い方に慣れてきてからは、高音をそこまで上げなくてもピークを設けられるように、徐々になっていった。とはいえ喉自体がまだ本調子ではなかったから、レコーディング中はなんとかしのげても「これをライヴで歌えるのか?」という不安がいつも伴っていたのだが。

もうひとつ厄介だったのは、ライヴに対するファンの声だ。当時のライヴでは、昔の曲もドロップ・チューニングで演奏していた。そうなってくると僕は余裕で歌ってしまうことになるわけで、逆に「二井原は、実は声が出ないんじゃないか?」みたいな噂が立ち始めてしまう。つまり「高い声が出ないから、タッカンたちは仕方なしにダウン・チューニングにしているんじゃないか?」という疑惑を持たれてしまうわけだ。そういった内容の書き込みが、インターネットの掲示板などにも目に付いた時期があった。ネット好きな僕でもさすがにとても嫌な気分になり、それ以降は某巨大掲示板をまったく覗かなくなった。正直、かなり傷ついた。「なんでファンが、こんな酷いことを言うんだろうか?」と思った。ショックだったけども、それに反論するわけにもいかない。本当にどうしようもない気分で、やりどころのない怒りをおぼえたものだ。

結局のところ僕は、新しい歌い方を見つけていくしかなかった。相変わらずリハビリというかトレーニングを続けながら、そういう模索もしていた。そして確か2006年のことだと思うが、復活後初のアメリカ・ツアーの際に、新たな転機に繋がるような出来事が起きたのだ。復活後のラウドネスは、それまでにもヨーロッパのフェスに出演したり、韓国公演を行なったりはしていたけども、アメリカを回るのは、僕にとって80年代以来のことだった。そのツアーの途中、タッカンに大変革が訪れたのだ。

当時、アメリカで僕らの面倒を見てくれていた現地ツアーのマネージャーがいた。彼は昔からラウドネスを好きでいてくれた人で、僕らも厚い信頼を寄せていた。そしてツアー中のある日、メンバーを集めて彼がこう持ち掛けてきたのだ。「昔の曲をもうちょっとやってくれないだろうか?」と。彼はその場でいくつか具体的な曲名をあげながら、しかもそうした曲を昔通りのレギュラー・チューニングでやって欲しいのだという。「そのほうがオーディエンスも絶対に喜ぶ。だからなんとか俺の言うことを信用して、試してみてくれ」とまで言われた。その話を聞いたタッカンは当初、「絶対にあり得へん」と拒んでいたんだが、彼があまりにも執拗に言ってくるものだから、結果的には折れて、「とりあえず試しにそうしてみるか」ということになった。確かそれは、そのツアーがすでに中盤に差し掛かっていた頃だと思うのだが、通常通り僕らはダウン・チューニングで演奏していて、80年代の曲もいくつかセットリストに組み込んではいたものの、その割合は低く、そうした曲についても今風に演奏していた。それはそれで良かったのだが、彼の元には、当時の楽曲をもっと聴きたいというファンからのリクエストが殺到していたのだった。

そしてある日、「LET IT GO」をはじめ、それまではセットに組み込んでいなかった曲をいくつか加え、レギュラー・チューニングでやってみた。僕らからすれば、ファンの要求に応えてのちょっとしたサービスくらいの意識でしかなかった。ところが演奏し始めた瞬間、タッカンのなかでパッと何かが閃いたようだった。音の抜けがまず違う。しかもめちゃくちゃ観客に受ける。リフを一発弾いた時点で、会場全体の雰囲気が変わるぐらいの効力があった。これには僕自身もとても驚かされたものだ。

そこで彼は、レギュラー・チューニングの良さというものに改めて気付かされることになったのだった。だからそのツアー以降に作られたオリジナル曲は、基本的にレギュラーに戻っている。そしてタッカンの、レギュラーでもヘヴィで太いサウンドを出せる方法があるはずだ、という研究も始まった。全米ツアー中のそうした出来事を切っ掛けに、昔の曲は昔の形のままで演奏され、新しく生まれてくる曲にも往年のような感触が伴うようになってきた。やっぱり何事も、元に戻るのには時間がかかるものなのだなと思う。当時、ツアー・バスのなかでタッカンが「やっぱりレギュラーにはレギュラーの良さがあるな」みたいなことを繰り返し言っていたことをよく憶えている。そして「じゃあこの曲もレギュラーに戻すか」というような発言もあった。

結果、それによって僕はいっそう高域の声を使わなければならなくなったわけだが、その頃までには新しい歌い方に変わりつつあったことで、さほど困難さは感じなくなっていた。長年、がなるような歌い方が染みついてしまっていたのは、ヘヴィな音圧に対抗しながら、音色との相性を考えて自分の声を敢えて意識的につぶすようにして歌っていたからでもあったのだった。そうした無理のある歌い方から脱しようとトレーニングを重ね、その成果が表れるようになっていた時期と、ちょうどこのレギュラー・チューニングへの変革期が重なっていたのだ。逆に言うと、僕の声帯が元々の状態に近くなり、バランスのいい歌い方ができるようになるまでには、やはり5～6年を要したということでもある。いったん染みついてしまった癖というのは、たとえそれが良くないものだという自覚があっても、一週間やそこらでは消すことができない。だから本当に、基礎からやり直して良かった、と思えた。

しかし本当にアメリカでは80年代の曲の評判が良く、おかしな言い方だけども、残酷なぐらい受けまくった。新曲たちがかわいそうになるくらいだった。シングルになった曲に限らず、『THUNDER IN THE EAST』や『LIGHTNING STRIKES』からの曲をプレイすると、客席から「これを待っていたんだ!」というような好反応が、イントロが始まった途端に返ってくる。もちろんそうした曲が求められていることはタッカンにも最初からわかっていたはずだが、それは彼自身にとってあの当時、求めているものといちばん距離感の離れたものだった。なにしろ、常にその時代のなかでいちばんロックな音を求めようとするのが彼なのだ。だからこそダウン・チューニングでのヘヴィなサウンドにこだわりを持っていたわけだが、そうした考え方が、あのツアーを切っ掛けに彼のなかでハジケたんだと思う。同時に、そうしたヘヴィ・サウンドを体現するバンドが世の中にあまりにも多くなってしまっていたことも、逆にこの変革を後押しすることになった気がする。そして彼の作る曲自体も、変わっていった。単純にレギュラー・チューニングに戻っているだけではなく、いわゆるラウドネス・クラシックスと共存共栄し得るもの、往年の曲たちと並べてみた時に相性のいいもの、というのを意識するようになっていたのではないかと思う。

２００６年といえば、バンドがデビュー25周年を迎えた年ということになる。当初は20周年という大きな節目到来に際しての一時的な復活のつもりでいたオリジナル・ラウドネスが、この時点ですでに5年継続していたのだ。バンドはある意味、音楽的に目指すべきものも新たに見えてきて、なにも迷いのない状態にあった。ただ、ひとつだけ不安材料があるとすれば、樋口さんが体調の悪さを訴えることが多くなりつつあったことだった。

第六章 そして未来へ

RISE TO GLORY

樋口さんに教えてもらったこと

樋口さんは長きにわたりずっと腰痛を抱えていた。腰が痛い、という言葉をよく耳にしたものだ。ある年の全国ツアーの際、僕らは公演初日を渋谷公会堂で迎えることになっていたが、その2日ほど前に樋口さんが立って歩くことも困難なほどの腰の痛みを訴え、結果、その公演のみならずツアー日程すべてが飛んだ。今は叩けるような状態ではない、という医師の判断だった。ただ、その時点では単なる腰痛という認識でしかなく、長年の蓄積疲労を原因とするものという捉え方をしていて、そこに何か重大な理由があるとは彼自身も考えていなかった。実際にはその頃から病状は進行していたということなのかもしれない。ドラマーには特に腰痛持ちの人が多いし、昔から樋口さんは腰の痛みを口にすることがあったから、それをさほど気にせずにいるのも無理はない。

しかし、ほどなく僕らは、この時ばかりは事情が違うのだと気付かされることになった。樋口さんは徐々に顔色も悪くなっていき、体調の悪さが僕らの側にも如実に伝わってくるようになったのだ。たとえばリハーサルひとつをとってみても、今までだったら徹底的にやっていたのに対し「このへんで止めておこう」ということが増えてきた。そこであの人は、弱気な言葉を吐いたりはしなかったけれど、辛抱の限界を超えてしまうほどの痛みに襲われる機会が頻発し始めていたのだと思う。リハーサルが取りやめになったり、レコーディングやプリプロダクションが延期されたり、そして結果、コンサートまで飛ばさざるを得なくなってしまったのだ。

あれは確か2008年の春に発売された『METAL　MAD』の完成後のことだったと思う。当時のマネージャーから、健康診断の結果、樋口さんに再検査の必要が出てきたという話が伝えられた。その結果、癌であることが宣告された。正確に言えば、肝細胞癌というやつである。樋口さんの場合は定期的に検診を受けていたからこそ、その時点で見つかったのだった。そして計画されていたことすべてを白紙に戻して、彼自身は関西に戻り、闘病生活に入ることになった。4月から予定されていたツアーでは、デッド・チャップリンでの盟友、菅沼孝三君が手伝ってくれ、モトリー・クルーの来日公演にスペシャル・ゲストとして出演する機会にも恵まれた。彼らとステージを共にしたのは、言うまでもなく『THUNDER　IN　THE　EAST』当時の北米ツアーの時以来のことだった。

樋口さんは大きな手術を短期間のうちに続けざまに受けていた。そのうち二回目のものは、下手をすれば手術中に逝ってしまうかもしれない、というくらいの危険を伴うものだったらしい。そこまでくると、我々にどうこうできるという次元の問題ではない。それくらい深刻な状況だった。とはいえ、そこまでリスクを伴う手術に踏み切ったということ自体が、いかに樋口さんが本気で癌に勝とうとしていたかということを裏付けていると思う。少しでも可能性のあることは試してみようという考えだったのだと。しかも彼は、病魔に打ち克つために時間をかけるつもりがなかった。最先端の手術のやり方があるなら、多少危険であろうとそれを明日にでも試したい、というような考え方だった。それが良かったのかどうかは、今となっては僕には何とも言えない。

我らがリーダー樋口宗孝は、２００８年11月30日、闘病生活もむなしくこの世を去ってしまった。彼が亡くなったという第一報はマネージャーから聞いた。ある朝、起きたら急に電話があったのだ。その日の朝、家族が起きてみたら、樋口さんが息をしていないことに気付かされたのだそうだ。僕は動転した。樋口さんの死を覚悟していたというよりも、完治することを本当に信じていたからだ。「ちょっと待って。それは話が違うじゃない。術後の経過は良好だったはずじゃないの？」と思った。ただ、ただ、その最期が安らかなものだったのであれば、少しは気持ち的に救われるところがある。

樋口さんの名誉のために言っておくけども、彼は人一倍健康には気を遣っていたし、肝細胞癌という言葉からは酒を連想する人も少なくないだろうが、長年の飲酒癖などを原因とするものではなかった。ウィルス感染から悪化したようだ、という話だった。

樋口さんの他界直後、12月6日にはイベント出演が控えていた。正直に言うと、バンドを継続させていくかどうかについては、迷いもあった。すぐさま継続を決めたわけではなく、実のところ「もうこれで終わりにするか？」という空気もあった。誰もそうした言葉は口にしなかったし、話し合いを重ねたわけでもなかった。ただ、とりあえずは決まっていた目の前のイベントをどうするかということを決定しなければならなかった。出演をキャンセルするか、誰かに手伝ってもらって乗り切るか。実際、あくまでイベントではあったからキャンセルすること自体はさほど難しくなかったはずだ。が、そこでタッカンの口から、手伝ってもらえそうないいドラマーがいるという話が出た。それが〝あんぱん〟こと鈴木政行で、結果、彼にピンチヒッターを務めてもらう形で僕らはイベント出演を果たし、同時にそこで、バンドを続けていこうという気持ちを固めることになった。あの時にあんぱんがいてくれなかったら、もしかするとラウドネスは終わっていたかもしれない。もちろん菅沼君に手伝ってもらうという選択肢もあったはずだけど、その場合、もしかするとそのイベントと年明けに組まれていた追悼ライヴ、あらかじめ決まっていたその先数本のライヴだけを消化して終わっていたのかもしれない。12月24日、樋口さんが50回目の誕生日を迎えるはずだったその日に、青山葬儀場でお別れ会が開かれ、その場ではタッカンが代表して手紙を読んだ。彼がそのなかで述べていたのは、「自分たちはまだ道半ばにある」ということだった。

要するに、こういうことだ。ラウドネスは80年代にそこそこ世にインパクトを与えてきたし、世界的な認知を獲得してきた。が、まだまだ自分たちとしては成功したといえるレベルには到達していなかった。オリジナル・ラインナップでの再始動というのはデビュー20周年という取っ掛かりがあったからこそのものではあったが、まだそこに対する夢があったからこそのものでもあった。「まだ80年代に始めたことのケリをつけていないだろ?」という想いが、この4人のなかには共通してあったのだ。80年代にはかなりいいところまで行ったんだけども、本当の意味でのサクセスにまでは手が届いていなかったし、僕もその途中でバンドを離れてしまった。もう少しで真の成功を掴めていたというのは僕らの勝手な錯覚ではなく、実際、現地で本当に成功を手に入れた人たちというのを間近なところで見てきたからこそ確信できていたことだった。そもそも目指していた世界的成功というものがすぐ先にあったはずなのに、そこまで行き着けていないという悔しさが僕らにはあったし、なんとかその宙ぶらりんな想いにケリをつけたいというのがあった。

このバンドを１９８１年に結成した時の、タッカンと樋口さんの夢というのが消えずにある。その入口まで辿り着いて、実際にそのなかに入るには入ったものの、行くべきところが残されている。だからこそこのバンドには、まだまだ長く進むべき道というものがある。それがオリジナル・ラインナップ復活後の動機にもなっていたし、ふたたびアメリカ・ツアーなどを行なうようになっていたのも、それがあったからこそだった。これは、諦めずになんとかしなくちゃいけない。そうした強い気持ちを樋口さんも持っていたはずだから、その遺志を引き継いでいかないといけない。彼の抱えていた夢を、残された僕らで叶えていかないといけない。タッカンは葬儀場で、そう宣言した。そこからは僕自身も気持ち的に吹っ切れて、新しい体制で次に進もうじゃないかという気持ちになれていた。だから、あの時のタッカンが口にした「まだ、道半ばやないか」という言葉がラウドネスの継続を本当に決定的なものにしたと思う。その言葉から、彼の決意が伝わってきたからこそ。その瞬間、元々抱えていたモチヴェーションを、改めて再確認できたような感覚だった。ラウドネスのオリジナル・ラインナップによる復活は、みんなのなかに「途中でもやもやと消えてしまっていた夢の続きに決着をつけないと」という想いがあったからこそ実現したものだったし、バンドがその後も続いてきたのも、やはりそれがあったからだと思う。

1981年、最初にラウドネスに誘われた当時は「世界に通用するバンドを目指す」などと言われてもピンときていなかった僕だが、彼らと一緒にそれからの時間の流れを経ていくなかで、それは自分自身にとっても使命のようになっていた。そしてこの局面を迎えて、まだまだ進んで行かないといけない道だな、と改めて強く思った。そういった意味では、誤解を恐れずに言うと、樋口さんの他界という信じられない事態が訪れたことで、全員の動機が改めて温度差なく重なり合った、という部分もあったように思う。そこで目指すべきゴールというのがカチッと見えて、我々がやるべきこともおのずと明確になってきた。同時に僕らは再集結以降、いろいろと音楽的にも実験を続けてもがきながら変遷を重ねてきていたけれども、音楽的な意味での視界もさらにクリアになった。

それによって、アルバムの楽曲にも変化が生じてきた。2009年の5月、僕らは樋口さんに捧げるアルバムとして『THE EVERLASTING～魂宗久遠～』を発表しているが、あのアルバムを境に、ラウドネスの新たなスタンダードともいうべき楽曲のあり方のスタイルが明らかになってきたように思う。ある意味、わかりやすくラウドネスらしいものになってきた、という言い方もできるだろう。あるべき形、と言ってしまうと、その枠に収まらなければならないかのようなニュアンスが伴ってしまうけども、ラウドネスとして必然的であると同時に最良と思われる形というものを誤差なく見出せるようになった。流行りだ何だといったものはそれ以前から意識していたつもりはなかったが、よりいっそう気にしなくなっていたと思う。そうしてフラットな状態で取り組めるようになったことで、楽曲自体もライヴでのサウンドもより潔いものになった。頭で計算して作るのではなく、何かに寄り添おうとするのでも何かに反発するのでもなく、純粋に自分たちが良いと思えるものを追求できるシンプルな発想になれたのだ。もちろん80年代の自分たちを否定することもなく、自分たちの良さについても改めて認識しながら。

そういったフラットな状態になるためには、やはりそれなりに時間がかかるのだと思う。変遷が一周してその状態に戻るまで活動自体を続けることができていないと、その局面を迎えることはできない。その過程を我慢できない人たちは、途中で辞めたり解散したりということになる。ラウドネスの場合は、さまざまな変化を経ていくなかで「いや、まだこの先に違う答えがあるはずだ」というのがあったからこそ、そこで挫折することなく続いたのだと思う。それにやっぱり、80年代の自分たちがやってきたことを総括しつつ、その先に進みたいという動機があった。再結成以降、怒濤のようにあれこれとやってきた末に訪れた樋口さんの死という悲しい出来事がある種のターニング・ポイントになり、僕らはふたたび世界に目を向けるようになった。そこで幸運だったのはあんぱんがいたことだ。彼が加わることにより、ラウドネスは新しいスタートを切ることになったのだから。

ここで改めて、樋口宗孝という男の人物像について少し触れておきたい。

ドラマーとしてはとにかく研究熱心で、練習熱心で、上手くなるためなら手段を選ばない人だった。いい機材があれば金にも糸目をつけないようなところがあった。同時に彼は、一言で言えばとてもユニークな人だったと思う。やっぱり天才というのはどこか変わっているところがある。そういう意味ではタッカンも同じだが、そうした人たちというのは普通の人では持ち得ない感覚をみんな持っている。樋口さんはクリエイティヴな人間で、集中力がすごいし、アイデアが尽きることなく出てくるようなところがある。僕らのような人間には多かれ少なかれみんなそういう部分があるからいいものの、そうじゃない人には一時間一緒に過ごすことすら堪えられないかもしれない。常人からすると奇天烈と言っていいような発想をするから、「この人何を言ってるの？」という感覚になるだろうし、一緒にいても振り回されているような気分になるはずだ。何か閃きがあるとすぐさまそれを行動に移したくなる人だから、まわりからは気まぐれなのだと見られてしまう。食事の途中でまだこれから注文済みの食べ物が来るというのに、何か思い立つとそこで席を立とうとするような人だった。思いつけば、次の瞬間には行動に移っているのだ。

一度何かに興味を持ち始めると、とことんそれを追求する人でもあった。たとえばその店で食べた物に興味を持つと、料理人に嫌がられるぐらい足繁く通って、調理場まで入って作り方を聞いてみたり。ゴルフに興味を持てば道具から何からに至るまでプロの人からアドヴァイスをもらってみたり。そういった具合に、好きなことについては本当にとことん突き詰めるところがあった。ゲームにしても、車にしても。それぞれの分野でプロになれるぐらいの知識と技術を持てるまでにならないと気が済まないタイプなのだ。

車の免許を取る時もそうだった。樋口さんは、実は免許を取るのが結構遅かった。10代後半を芸能界で過ごしていたのだから当然といえば当然のことだ。タッカンが免許を取りに教習所に通いだしたと知った途端、急に「俺も免許を取るぞ」と言い出して、朝から晩まで教習所に通い詰めて、それこそ合宿したほうがいいんじゃないかというくらいの勢いだった。しかも、それで確か2週間ぐらいで、タッカンよりはるか先に取得したと記憶している。筆記試験ももちろん満点。俺には満点以外あり得へん、みたいな顔をしていたのを憶えている。しかも彼は、教習所への申し込みを済ませた帰り道にコルベットを注文して、それから通い始めていたのだった。絶対、あの時点で自分がそれを乗り回している図をイメージできていたんだと思う。ずっと自分で運転する必要のない生活をしていたのに、動機に火がつくと一気に行ってしまう。そこでコルベットみたいな、ドラム・セットを積めるはずもない車を選んだのも面白い話だけども。

車にしろ何にしろ一流にこだわるというか、とにかく極めたいという人だった。家に集まって鍋をしようとなれば、肉でも魚介でも最高級のものを手に入れてくる。掃除ひとつするにしても、最高の道具を手に入れて徹底的に綺麗にする。凝り性とかそういった言葉では片付けられない次元の徹底ぶりだった。ただ、それ自体に興味がなくなると、一気に冷めて放り出してしまうところも同時にあった。だからある意味、正直というか、嘘のつけない人だったのだと思う。

新しいものを他人より先に知っていたい、という欲求も強い人だった。音楽についても当然同じことで、「流行ってるもの全部買ってこい」という感じだった。「ニイちゃんこれ知ってるか？」というのが口癖で「聴いたことない」と答えると「なんで聴いてへんのや」と叱られて、それを聴かせられる。そんなことがよくあった。

前にも書いたように、最初に東京に出てきた頃、僕は樋口さんのマンションにしばらく居候させてもらっていた。実は僕は、掃除や洗濯といった身のまわりのことがまったくできない男だった。今でもたいしてできないけれども。それに対して樋口さんは家のことも何でもできて、僕の洗濯までしてくれていた。そんな彼のきちんとした生活ぶりを象徴するような逸話がある。ある日、リハーサルに向かうための集合場所への到着が、僕がもたもたしていたために少しばかり遅れてしまったことがあった。ところが約束の場所に着いてみると、そこで待っているはずの樋口さんがいない。そういった待ち合わせの場合、普通なら5分ぐらいは待ってくれてもいいものだと思うが、彼は僕を待たずに行ってしまっていたのだ。それで僕は、まだあまりよく地理のわからない東京の街で、地図を片手に道行く人に尋ねながらスタジオまで自力で行った。到着するや否や「ちょっとぐらい待ってくれてもええやんか」と言うと、樋口さんからは「遅れるおまえが悪いんや」と言い返された。何も言い返せなかった。それ以来、僕は時間を守るようになった。その時、この世界では決められた時間を守ることがとても大事なんだな、と学ばされた。もちろんそれはどんな世界でも当たり前のことだけども、以降は僕自身、遅刻をするということがなくなった。ごくまれに遅れることがあるとすれば、時間を間違っているか、その予定自体を忘れているかのどちらか。だから中途半端な遅刻をすることはない。集合に何時間も遅れて「それ、今日やったの？　日にちを間違えてたわ」ということはあったとしても。もちろんそれはそれでどうかとは思うが、とにかく僕は樋口さんから置いてきぼりを喰らったあの日から、時間を守るようになった。それはあの人から言われたことが教訓として生きているからだと思う。

同時に樋口さんには、どこか〝ザ・芸能人〟的な部分も少なからずあった。居候をしていた当時、「おまえはこれから俺のバンドのヴォーカリストなんやから、一緒に街に出る時には絶対にちゃんとええカッコしろ」と言われた。それで一緒に服を買いに行って、革ジャンを買った。髪型もダサいから色を変えたほうがいいと言われ、樋口さんの行きつけの美容室に連れて行かれたりもした。樋口さんのTシャツやら靴やらを借りたり、コーディネイトしてもらったりもした。喋り方にも気を付けるよう言われ、「こういうことにはこうやって答えろ」というかなり具体的な指示もされた。そういう細かいところまで気にしないといけないんだな、と感じさせられたものだ。ある意味、芸能人の心構えみたいなものだ。レイジーでアイドルとして、スターとして常に人前に出ていた人だからこその部分だと思う。ダサい格好、小汚い格好をするなと口癖のように言われていたし、頭のてっぺんからつま先までチェックされて、時には「ヴォーカリストがすっぴんでどないすんねん」と言って軽くメイクまでしてくれて、そのうえで「よっしゃ、行こう」と夜の街に繰り出したものだ。その徹底ぶりもまた樋口さんのプロフェッショナルさを象徴するものだと思う。

そんな樋口さんが、亡くなってしまった。彼の不在という穴はとても大きかったが、あんぱんは加入当初からとても頑張ってくれていた。4人のうち1人が違うというだけで、バンド内にはとても大きな違いが生まれるものだ。まず何より、僕の真後ろからツーバスがドコドコ鳴るのが聴こえてくるようになった。樋口さんはそれとは正反対でワンバスにこだわり続けていたわけで、その差自体もとても象徴的だ。しかも「スターたるものこうあるべき」というような哲学を持っていた樋口さんに対し、あんぱんは、北海道にいて先週までアンダーグラウンド的な世界でさんざんやってきたという人間。まさに2人は対極にあった。

あんぱんは性格的にもとても穏やかで、「そんなに気を遣わんでいいから!」と言いたくなるくらいみんなに気を配ってくれる。まあ我々3人は彼にとってみれば大先輩ということになるわけで、そうなるのも理解できるけども、あんなに身長もデカくて腰が上のほうにあるのに、人間的にはめちゃくちゃ腰が低いやつなのだ。本当に何もかもが、樋口さんとは真逆だといえる。樋口さんには、大量に送られてくるスティックやヘッドなども厳選して「OKなのはこれだけ。あとは返品」というダイナミックさがあった。あんぱんは「シンバルが割れてしまって、スティックも残りわずか。いただけるものなら何でもありがたく使わせていただきます」という感じ。もちろんそれは、彼がそれまでずっとアマチュアだったため、エンドース契約などと無縁だったからでもあるわけだけども、今でも彼は腰が低いままだ。もちろん樋口さんだって昔はかなり苦労したはずだし、それが実ってあちこちから援助や協力を得られるようになっていたわけだが。

当然ながらあんぱんは、望むと望まざるとにかかわらず樋口さんと比べられることになる。しかし僕らからすれば、彼に「樋口さんみたいなプレイをしろ」と言うわけにはいかないし、あんぱんにはあんぱんならではの最高のドラムを目指してもらうしかない。そしてそれが、ラウドネスにとっての新しい武器になる。そしてバンドとしては、曲についてもあんぱんの特性を想定しながら作るようになってきた部分というのが当然のようにある。ラウドネスとして本来あるべき方向性を今一度目指していこうという流れがあるなかで、あんぱんの志向性や特性みたいなものが、それと合致していたというのも大きかったと思う。しかもその頃には、僕の喉もだいぶ復調が進んでいたし。

それまでのラウドネスは、タッカンと樋口さんという両巨頭がぶつかりながら前に進んでいたようなところがあった。タッカンの出すアイデアについて「いや、それは違う」と反論する誰かがいるとすれば、それは樋口さんだった。それに対してあんぱんは、世代の若い新メンバーということもあるけども、提示されたものに対して最善を尽くすしかない、というスタンス。そういう違いも、タッカン自身のアイデアを具現化するうえでは、よりシンプルな構図になったといえるかもしれない。旗振りが2人いるのではなくタッカン1人に絞られたことで、進むべき方向がわかりやすくなったという部分は確実にあるだろう。
あんぱんはラウドネス加入以降、機会を重ねていくごとにどんどん良くなっていった。それまで彼が経験したことのなかったような大きなステージでの演奏も経験するようになってきたのだから、当然といえば当然だ。会場規模の違いばかりではなく、ライヴの演奏時間の長さについても大きく違う。ラウドネスの場合はライヴ1本につき2時間ぐらい演奏するのは当たり前のことだけども、それまでライヴハウスで対バン形式のライヴ中心にやってきた彼には、2時間叩きっぱなしという経験は皆無に等しかったはずなのだ。だから当然、最初のうちは体力が最後まで持続しなかった。中盤から調子がガクッと落ちる傾向が少なからずあった。彼に体力がないという意味ではなく、エネルギーの使い方がそれまでとは全然違ってきたのだから仕方がない。いわばそれは、中距離までしか走ったことのなかったランナーがいきなり長距離を走らされるようになったようなもの。しかもゆっくり走らせてもらえるわけではない。だから彼は彼で、本当に大変だっただろうと思う。それでも3年目ぐらいからはラウドネスのスピードについてこられるようになったというか、みんなと歩調が合うようになった。それは彼の努力の賜物でしかない。

← 209ページへ続く

GEAR COLLECTION

**マイク、イヤーモニターなど、
愛用する機材について二井原実が語る。**

撮影：ほりた よしか

audio-technica【有名】

マイク

①は国内ツアーのメイン・マイクだね。使い始めたのはオリジナル・メンバーで再結成してからだから、もう10年以上かな。僕が「有名」って書いてあるTシャツを着てるんで、「僕のアイコン」的な形で「有名」って文字を付けてくれたみたい。

ヘッドがAE6100、送信部（握る部分）はAEW-T6100っていう組み合わせかな。僕が初めてエンドースを受けたマイクで、これより前はSHURE、AUDIX……80年代の一時期はヘッド部分がSHURE58で送信機はソニーってのも使ってた。ブタの尻尾みたいに送信機の下からワイアーがチョロンって出てるヤツ。あの頃はあれが流行ってたんだ。

この【有名】は、上から下までのダイナミック・レンジが凄まじくて、ミッドローはスキッとしてて、ハイは少し持ち上げられてるようなイメージかな。普通のマイクに慣れてる人が使ったら、耳に痛いと思うくらいのクリアさもある(笑)。とにかくそのパワー感たるや凄い。ただ電波の問題で海外では使えないから、国内ツアー限定。ワイアレスはそういう問題が多いよね。

そしてマイクの一番上から入る音だけを集中的に拾う、ハイパーカーディオイドっていう極端に狭い指向性の構造になってるから本当にカブりついて歌わないと本領を発揮しない。唇の位置がちょっと横にズレただけでも音が激変するんだよ。もうマイクの真上に唇が乗っかるくらいの感じで歌う必要がある。だから偉そうなことを言ってしまうけど、相当マイク使いに慣れてる人はともかく、初心者には難しいかもしれないな(笑)。よく「ア〜〜〜」って歌う時にマイクを口から離す人がいるけど、ああいう歌い方もNG。シャウトの時もガッツリ「ONマイク状態」じゃないとダメ。ちょっとマイクから口が離れるだけで、本当に声が減衰しちゃうからね。特に僕はイヤモニ(イヤーモニター)してるんで、音が変わるとダイレクトにわかる。だけどイヤモニしてない人は、そこまで音がシビアに聴こえないから、位置を動かして歌ってしまう。でも本当のガツーンとした自分の声をドーン!とPAから表現したいなら、動かさずに歌うしかない。英語だと「Eating Mic」って言うけど、まるでマイクを食べるように歌うと「おお、うまい!」って言われたりするんだよ(笑)。

あとグリル(ヘッド部分の網)

をガッとつかんで歌う人もせっかくの性能を半減させてる。グリルの内側、ヘッド下側には穴が空いてて、そこから入った外の音を上から入ってくる音とぶつけることで、外の音をなくしてるんだよ。でも手で握ってしまったら下の音がカットされてしまう。ヘッドの下を手で覆うと「ワ〜ン」ってハウるのも、そういう理由だね。せっかくの良い機能をわざわざ自分からなくす、マヌケなことをしてるんだ。この【有名】マイクなら、握るのは赤い線までが限度。僕は意識的にもっと下で持ったりもするね。昔はそういう知識がなかったんで、もっと声が固まっていくかも？と思ってグリルを握ってたけど。でも実は握れば握るほど音がハウる、するとPAが音を下げる、自分の音が聴こえない、聴こえないからガナって歌う、ガナると声が出なくなる（笑）……もう最悪。歌う方もPAも、誰も幸せなことがない。グリルを握って歌う行為は「ヴォーカル殺し」なんだよ。このことだけは声を大にして言いたいね。

　そんな風に多少の使いにくさはあるけど、逆にそのくらい性能がいいってこと。マイクのコントロールがうまい人にとっては、これほど素晴らしいマイクはないね。

audio-technica
AE6100/LE
50th Anniversery
（限定生産モデル）

②はワイアード（有線）でAE6100の50周年記念モデル。珍しい色だよね。海外ツアーがメインで、このタイプを2本くらい持っていく。これも指向性がハイパーカーディオイドなんでコントロールは難しいけど、スリップノットとか、メタルの大御所にもAE6100を使ってる人はいるね。スーパーカーみたいなもんで、普通の車が運転できるからといってスピードが出せるとは限らないんだけど。ギターが弾けるからって、タッカンと同じアンプで爆音で弾こうとしても、ハウリング起こして弾けないだろ、みたいな。まぁそこまで人を選ぶわけじゃないけど、「使い方が簡単」ではないね。

ただレコーディングの時はエンジニアが「このマイクを使いたい」って言ったら、それで歌うよ。僕の声を録るならこのマイクって判断してくれてるわけなんでね。

まぁ例えばギターのストラトキャスターとランダムスターみたいに音が激変する違いはマイクにはないからね。選ぶ基準は、ＰＡの人が音を作りやすい、ハウリングに強い、ぐらい。ＰＡの人が聴いて「おっ！明らかにこのマイクのほうが声がキラキラしてる！」なんてことはないと思う。

でもライブハウスにあるような「もう20年くらい使ってます」なんてマイクは多少感度とかが劣化してるかもしれないし、マイクなんて1万円くらいで十分なのが買えるんだから、ヴォーカリストだったら自分用のマイクを買ったほうがいいよ。衛生面の意味でもね。僕が自分のマイクを持ち込むのは、まずその理由。誰が口つけて歌ってたかわからないマイクで歌って風邪ひく人も多いし、やっぱりヴォーカリストは自分のマイクを持ってくだけで「ヴォーカリストになった」って気分になってテンションも変わるしね。

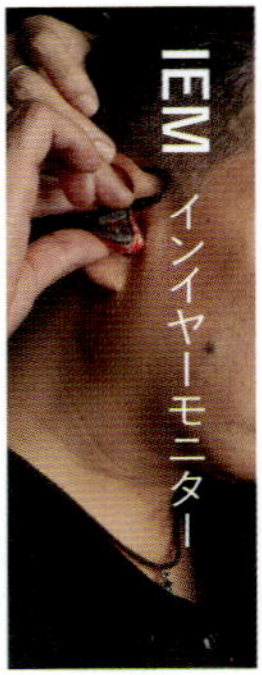

イヤモニ（インイヤーモニター）をつけはじめたのは再結成後のツアーで、PAに「使いますか？」って言われてから。その数年前から、海外のロック雑誌の写真でメタリカとかの耳に何かが入ってて〝何やろな？〟って興味は持ってたけどね。

　当時は今みたいに耳の型をとって作るわけじゃなくて、イヤフォンの先っちょに耳栓みたいなパーツが付いてて、それをつぶして耳に入れたら、中で膨らむみたいな感じだった。それでも遮音性がすごく高いから、もう別世界だったよ。自分の声がステージ上であんなにもクリアに聴こえて歌える。喉をつぶし、声をつぶして……なんで今まであんなにがんばってきたんだ！　あの苦労ってなんだろうって。革命的な出会いだったね。特にラウドネスはステージの音が大きいからね。樋口さんのドラムの音量が凄くて、それに負けじとギターもベースも音を上げる……ステージ上の音がとんでもないことになってた。でもヴォーカルのモニターは僕の目の前の2つくらいだけ。もうないに等しかった（笑）。

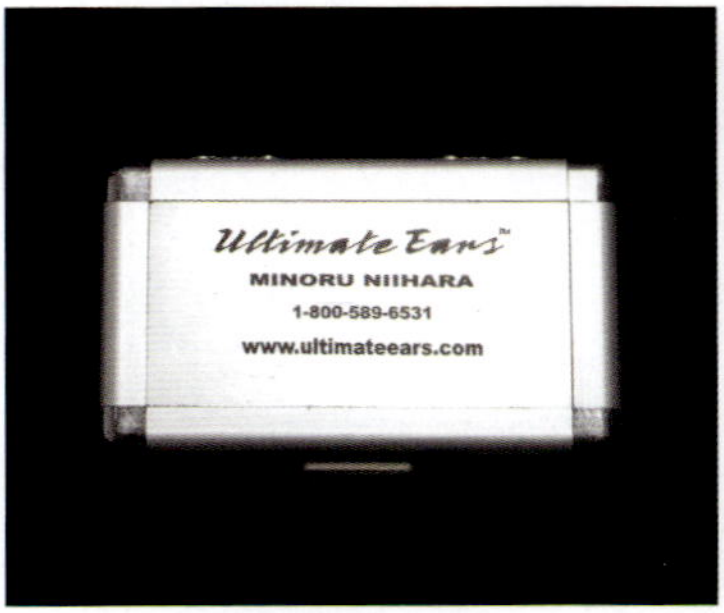

名前入りのUE5ケース

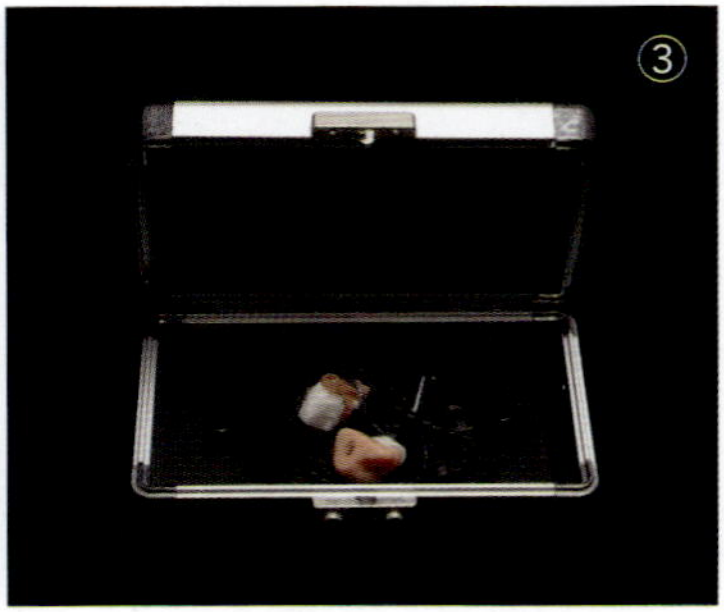

Ultimate Ears UE5

最初の耳栓タイプも良かったけど、5〜6曲歌うと汗が出るから、耳の中で滑ってくる。なおかつそれまでの耳栓タイプはドライバー（内部スピーカー）がひとつだったから「もう少しいいのがありますよ」って薦められて初めて自分用に作ったのが、このUltimate EarsのUE5（③）で、2ドライバー。補聴器と同じで耳鼻科で耳に樹脂を入れて型をとって作るから、世界に1個しかないカスタムメイド。耳につけたら恐ろしいくらいピッタリだよ。

音は普通のステレオのヘッドフォンのような感じで、低音はドーン、ハイはシャーン……もう耳ん中がステレオですよ。新幹線とか飛行機に乗ってて周囲でグワーって音が鳴ってても、これをつけた途端にリビングルームで音楽聴いてる感じになる。凄くいい音。今はもっと良いのも出てるけど、ステージのモニターとしては僕にはこれで十分だね。値段も安い。安いといっても6万円くらいはするけど、"こんなに歌いやすくなるんだし、もっといいのがあるのかな"って、それこそいろいろ購入したおかげで散財したよ。あの頃、入って来たお金はほぼイヤモニに費やしたかなって感じはある。

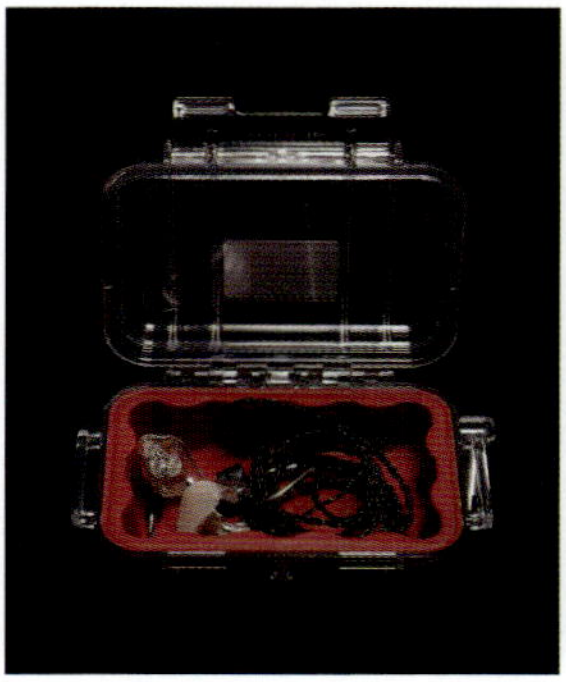

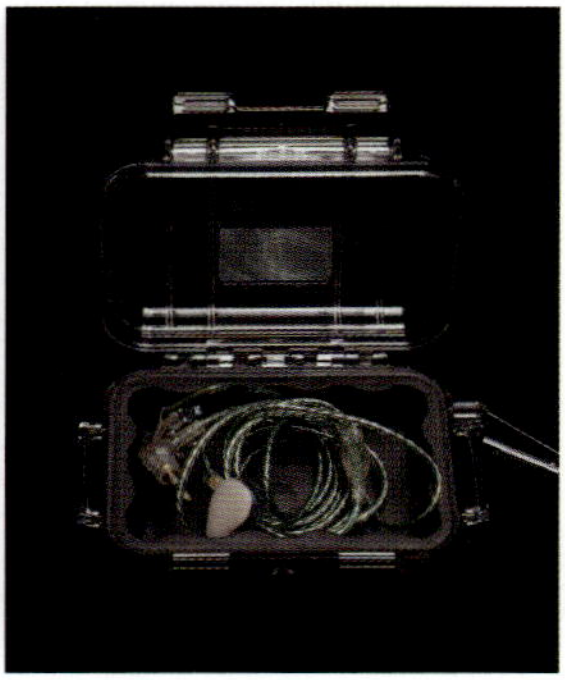

Ultimate Ears UE5

右ページのもの以外にいくつかUE5を所有している。ケースは自分で調達したもの。

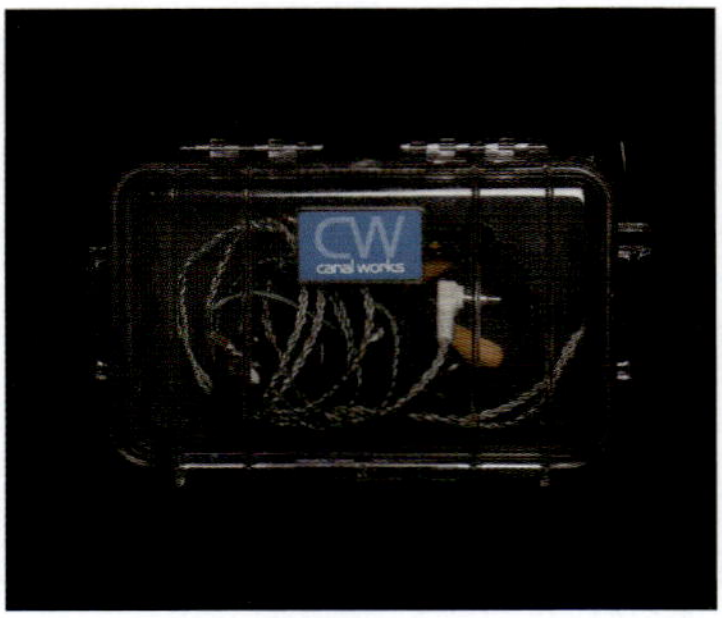
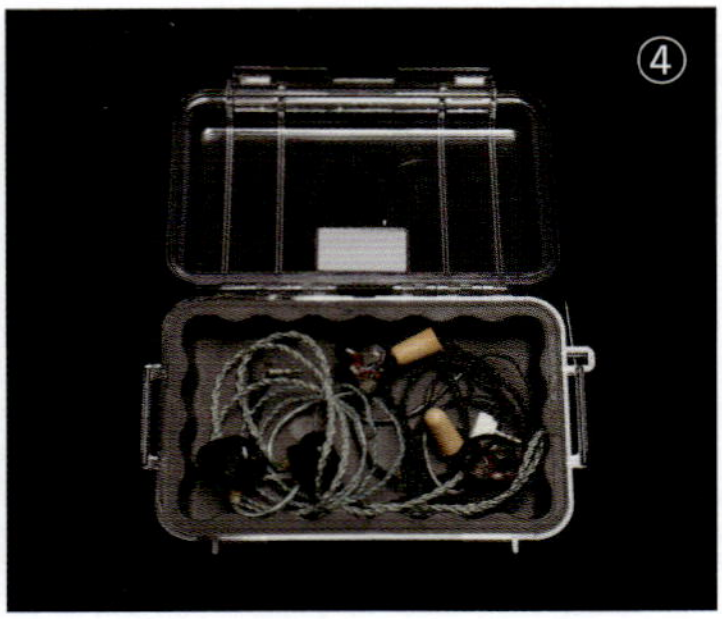

CANAL WORKS

2000年代の後期、イヤモニをネットで調べたら、知らない会社がいっぱい出てきたから興味がわいてね。パイオニアの開発エンジニアの方が独立して始めたCANAL WORKSって日本の会社が良さそうなんで作ってもらったのがこれ。(④)低域2つ、中域2つ、高域2つ、片側に6つずつスピーカーが入ってる。これは……衝撃だったね、僕がヘッドフォンを決める時の判断材料のひとつがタッカンのギターの音。僕は生で聴いてるから、どういうギターの音かを知ってるし、生々しいギターが録音された素材も持ってるんで、その音源を聴いてみるんだけど、それで実際にタッカンが鳴らしてるギターの音に一番近い音で聴こえるイヤモニが、これ。ギターどころじゃなくて、ベースもドラムもね。ヌケる音。普通のイヤモニの音の膜を5枚くらい剥いだような、スキッとした見晴らしがいい感じの音。びっくりしたよ。オーディオ的に凄い。レコーディングでミックスが終わった音源をこれで聴くとスタジオで聴いてた時と同じ音がする。ステージで汗まみれにするのはもったいないイヤモニだね。とにかく日本人の仕事ぶりに脱帽。あと完成したものが耳に合わない時もあるんだけど、海外だと数週間〜数カ月とか待たされるのに、すぐ調整してくれるからね。これも2〜3回くらい調整してもらってる。

　とにかく今は注文が多くて大変みたい。J-POPの歌手のイヤモニを見て〝あれは何？同じものが欲しい〟ってことで、3〜4万円するのに高校生とかが音楽鑑賞用として生意気に使ってるらしい（笑）。僕はあんまり目立たないように肌色や黒にしてるるけど、キラキラにデコレーションしたりしてるらしいね。

ケースのフタには名前入り

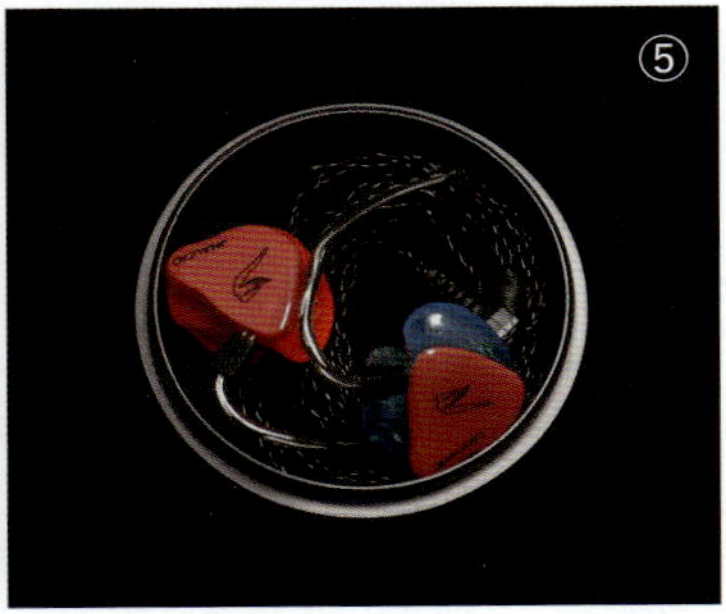

JH AUDIO（Jerry Harvey Audio）

　CANAL WORKSのあとに使ったのがこれ。⑤ジェリー・ハーヴェイはUltimate Earsを作った人で、海外のレビューを読んだらすごく評価が高くてね。これも凄いよ。片側に6つずつドライバーが入ってる。CANAL WORKSがスカッとした音なら、これはモリモリモリッ！とした音。あっちが和食なら、こっちはは洋食（笑）。低音ブリブリ。まさにアメリカ人らしいステーキで脂ぎった暑苦しい音がする。これはどちらかというと音楽鑑賞用としての使用が多いかな。レコーディングした音のチェックも、これで聴いたりするね。

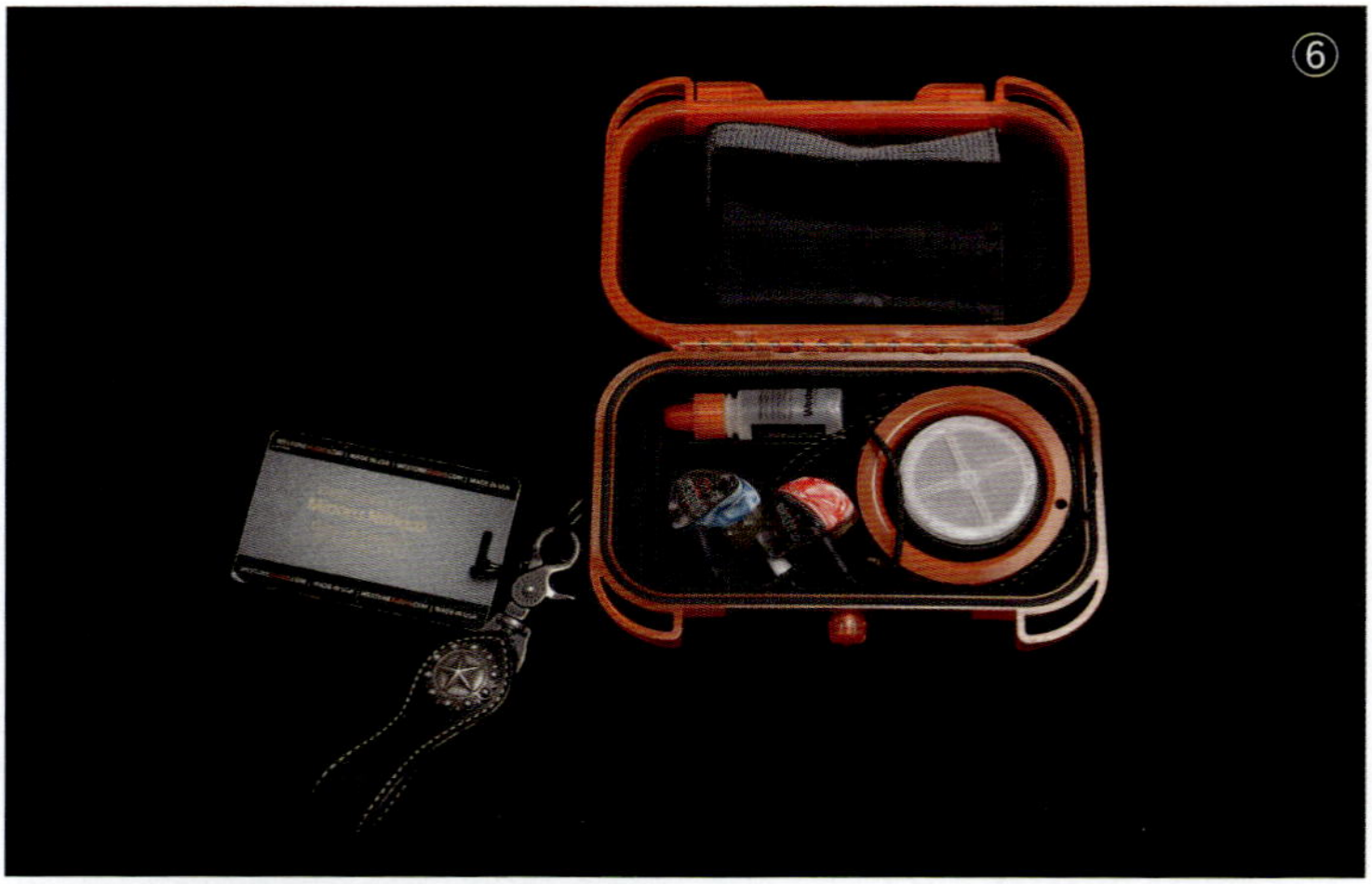

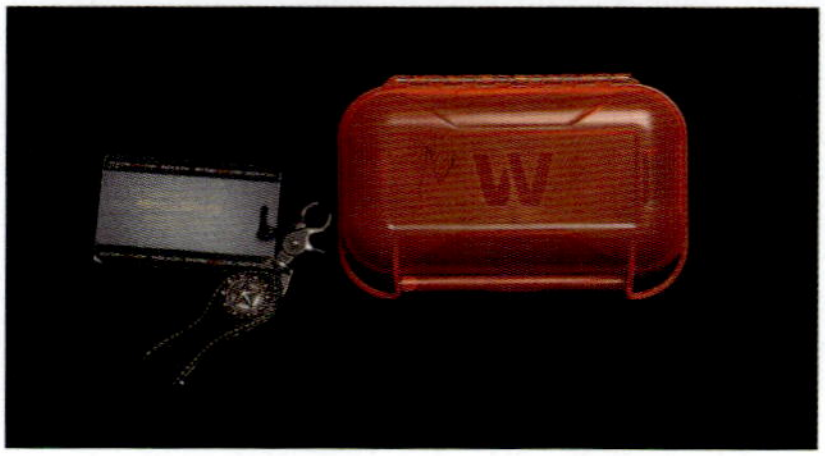

Westone
LOUDNESS 35thロゴ入り
HANDCRAFTED FOR
Minoru Niihara
シリアルES60279
PRODUCED 10/14

このWestone（⑥）の社長は耳の補聴器の権威で、彼のスピーカー・システムを使って作ったのがUltimate Ears。つまりWestoneの社長とジェリー・ハーヴェイは元々共同開発者だったわけ。ふたりで作ったUE5がうまくいったんで、Westoneの社長が、じゃあ我が社でも！って作り始めたらしい。10年くらい前、権威ある評論家達によるカスタムイヤーモニターに順位をつけるレビューがあったんだけど、Westoneがのきなみ1位だった。ミュージシャンが名前をあげることも多くて、元々すっごく興味はあったね。もはや僕の趣味として（笑）。ギタリストが、あのギターもこのギターも欲しいみたいなもん。それでWestoneがちょうど日本に上陸した頃、知り合いに「Westoneがモニター探してますよ」って言われて、僕がWestone公認の日本人アーティスト第一号になった。それで一発目に作ったのがこれ（次のページの⑦）。なるべくイヤモニしてることがわからないようにしたかったんで、地味（笑）。音はJH AudioとCANAL WORKSのちょうど中間くらい。ちょうどいい味付けだね。ダイナミックで上から下までキレイに聴こえるけど、密度が「うわぁ〜」ってほどでもなくて暑苦しくもない。特にステージの上では完璧なバランスで、本当に歌いやすい。ステージはES60で十分。Westoneは耳の内耳に入る部分が特殊な素材でね。耳に入れると体温で柔らかくなって、より耳に合う形状になって、いい塩梅にフィットするっていう優れもの。装着感最高だよ。遮音性もおそろしく高いから、これをつけて街を歩いてたら車のクラクションとかが聞こえなくて危ない。実際、僕も車に轢かれそうになったから、歩行中はやめて、飛行機とか新幹線の移動の時に使ってる。

ステージ上の遮音も完璧。ベース、ドラムのキック、ギターの低音、倍音とかのせいで、普通はライブの中盤以降って聴覚がおかしくなりがちなんだけど、これをつけてる時はまずそういうこともない。通常のモニターはいらないんでハウる心配がないから、PAさんも音は上げ放題。みんなウィンウィン。ヴォーカルの出音は昔より1・5倍くらいは上がってるんじゃないかな。爆音の中じゃないから歌いやすいし、リズムもとりやすい。歌のコントロールがしやすいから、無理な負担が喉にかからない。ブレス調整もできるし、ガナらなくていいから、全然コンディションを保てるね。あと内耳にぴったり入ってるから骨伝導で音が伝わる効果もあるんだよ。鼓膜で聴く音に頭に響く音もブレンドされるから、すごくピッチもとりやすい。

入手した順番はブラウン、肌色⑧、バンドのロゴ入り⑥だね。ロゴ入りのは35周年記念企画のテレビ番組でどんな色がいいかを視聴者募集して作ったヤツ。特にどれがメインのWestoneってことはなくて、今日これを使ったら明日はこれ、みたいにまんべんなく使ってるね。どうしてもケーブルの接触部分とかが汗でダメになるけど、1個だけを使いすぎるとそればかりが劣化しちゃうからね。

ラウドネスでは、マーくんが最近Westoneを使い始めた。あんぱんはFitEar。タッカンは「俺はそんなん使わへん」って。ギタリストにはイヤモニを使わない人、多いよね。やっぱりアンプの音をダイレクトに聴きたいっていう。

しかしイヤモニってのは画期的な機材だね。僕がこの歳でこの声を保ててるのは、イヤーモニターのおかげと言ってもいい。変に声帯を過酷な状況に追い込まないですむ。いいよね。

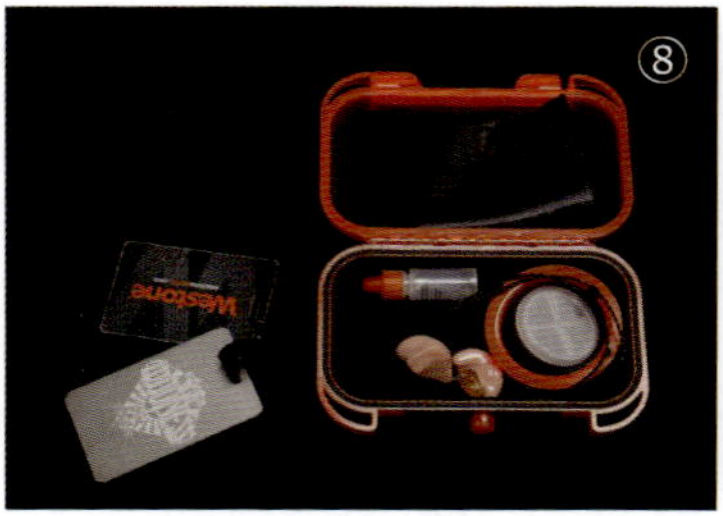

Westone　肌色
HANDCRAFTED FOR Minoru Niihara
シリアルES60666　PRODUCED 02/15

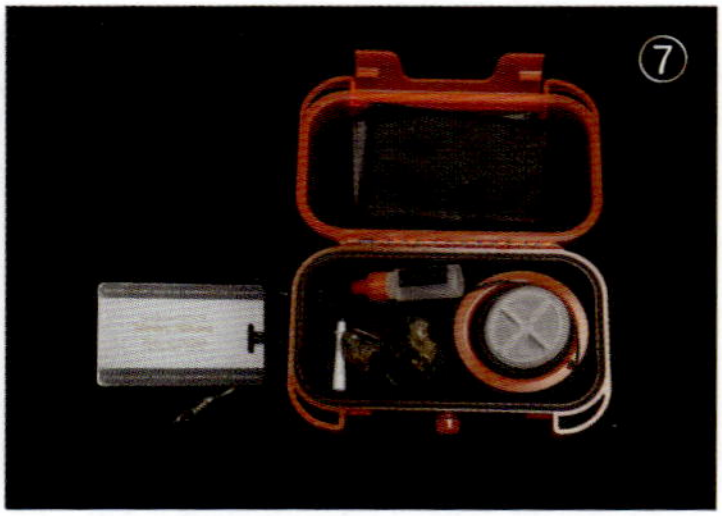

Westone　ブラウン
HANDCRAFTED FOR Minoru Niihara
シリアルES60DC009　PRODUCED 03/16

ギター

手に入れたのは4年くらい間かな。30〜40人くらい入るライブハウスで、ブルースやR&Bをピアニストと2人でアコースティックにやる『歌うたい祭』っていうライブをちょくちょくやってて、その時に弾いてる。最初はタカミネにギターを探してるって相談したら、二井原さんなら提供しますよって、もらったのがこれ⑨。僕の音楽のとっかかりはアコースティック・ギターでね。中学2年くらいの時にフォーク・ブームで、関西ブルースも人気があって、先輩達がガンガンそういうのを弾いてた。僕も中学2年の時にステファン・グロスマンとかスリーピー・ジョン・エステスとか、一連の和製フォークソングも全部弾いてたね。でもギターをよく弾いてたのは、あの頃がピークかな。『歌うたい祭』で3〜4曲くらい弾きながら歌うけど、どうしても歌いだすと手が動かないね。特にレイ・チャールズの曲とかになるとコードも歌も難しいから。

このギターはたまにレコーディングでタッカンが使ったりもしてるんだよ。最終的に録音された音として残ってるかどうかはわからないけど。

TAKAMINE
DSF46C

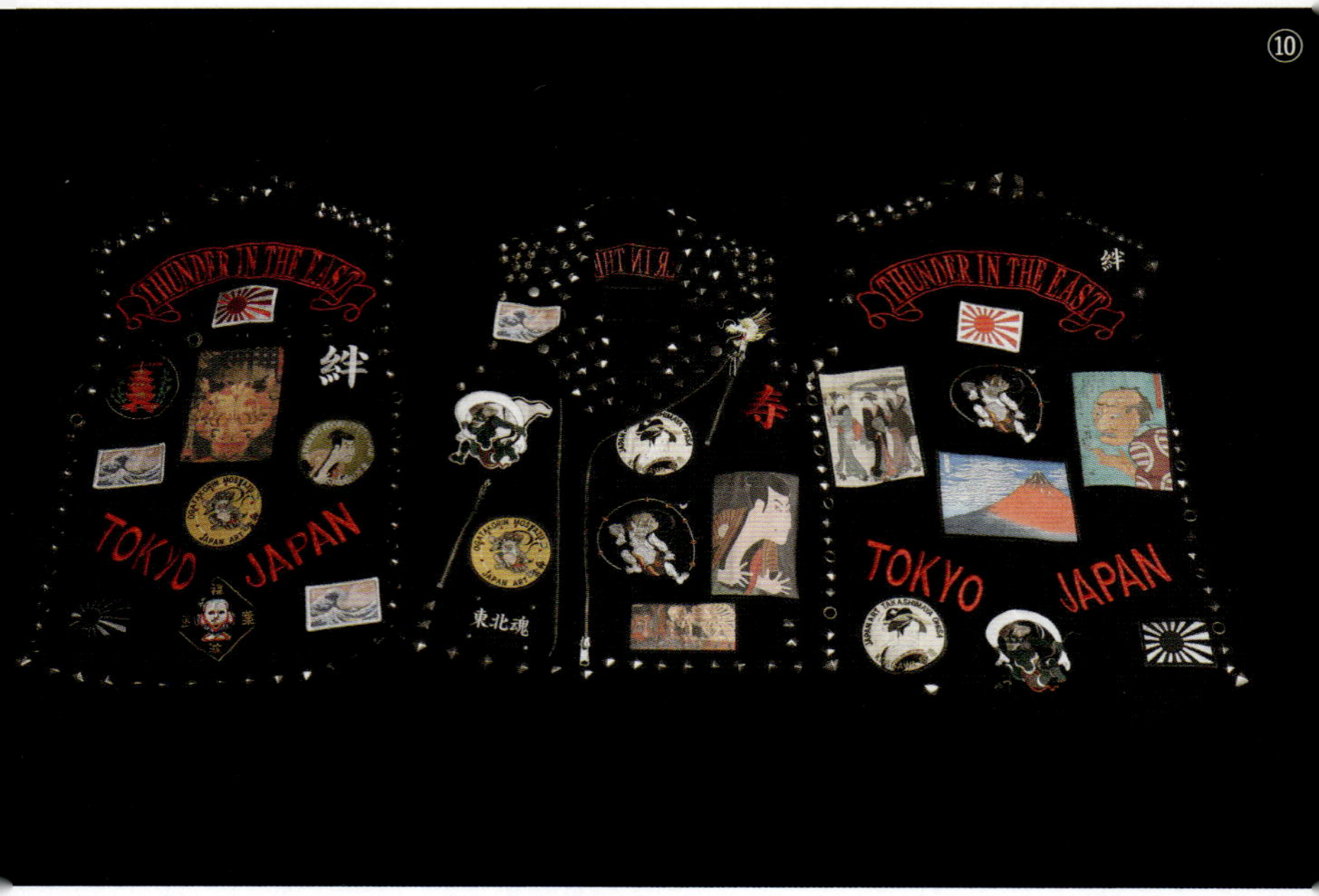

THUNDER IN THE EASTベスト

⑩は『THUNDER IN THE EAST』30周年記念のヨーロッパ・ツアー用に自分のアイデアでデザインしたベスト。刺繍は専門の人に頼んだけど、ワッペンはネットで自分で選んで注文したし、文字やワッペンを置く大まかな位置も決めた。ヨーロッパのメタル・ファンがジューダス・プリーストとかアイアン・メイデンのワッペンがついたベストを着てるけど、あれの代わりに和風の見返り美人とか富士山をつけたらどうかなっ

※右ページから裏返したもの

て思ってね。

昔はツアーごとに有名なデザイナーの人がオーダーメイドで作ってくれた衣装を着てたけど、でも90年代以降ってあんまりコスチュームっていう感じでもなくなってきたじゃない？

ステージだってそれこそ〝Tシャツ1枚〟とかが主流になって、それとともにわざわざ衣装を作ることはなくなったね。まぁ初期の『誕生前夜』とかの頃もそうだったかな。衣装を本格的に作りだしたのはアメリカ進出以降からだね。今はやっぱり、革ジャン、黒いTシャツ、デニム系……オーソドックスで硬派なメタル寄りだね。

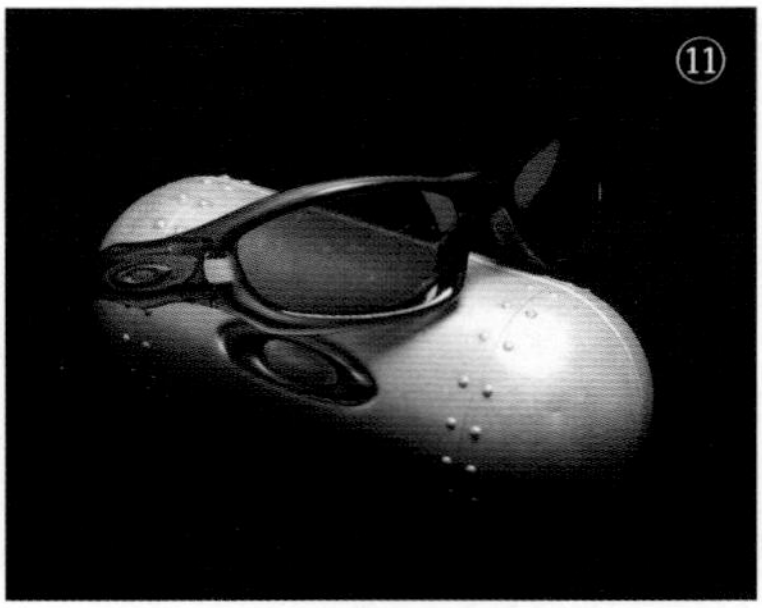

Oakley Monster Dog

サングラスは好きでいろいろ持ってるけど、特にこの⑪のオークリーのMonster Dogが好き。知り合いが誕生日にプレゼントしてくれたのが出会いで、スポーティで顔がシュッと見えるしカッコいい。家に5つくらいあるよ。この写真のは、まだ樋口さんがいた頃だから2005年くらいに買ったヤツだね。今は名前は同じだけど、デザインがリニューアルされちゃった。この形のままで良かったのに、なんでいらんことするかな！（笑）　野外ステージの時はまぶしいからこれをつけたりするけど、そういう時も優秀なサングラスだね。

⑫のベルトのホルダーにイヤモニの受信機を付けてる。普通の人はポケットに入れたりするけど、それだと汗の影響を受けやすいかなと思うし、僕はぞんざいなんでポケットに入れたまま座ってバキッて壊したりしそうで怖いからね。だからこういうベルトを3種類くらい持ってる。たしかこのベルトは誕生日のプレゼントで、そういうプレゼントでもらったベルトは家にまだいっぱいある。ベルトに関しては死ぬまで大丈夫だね（笑）。

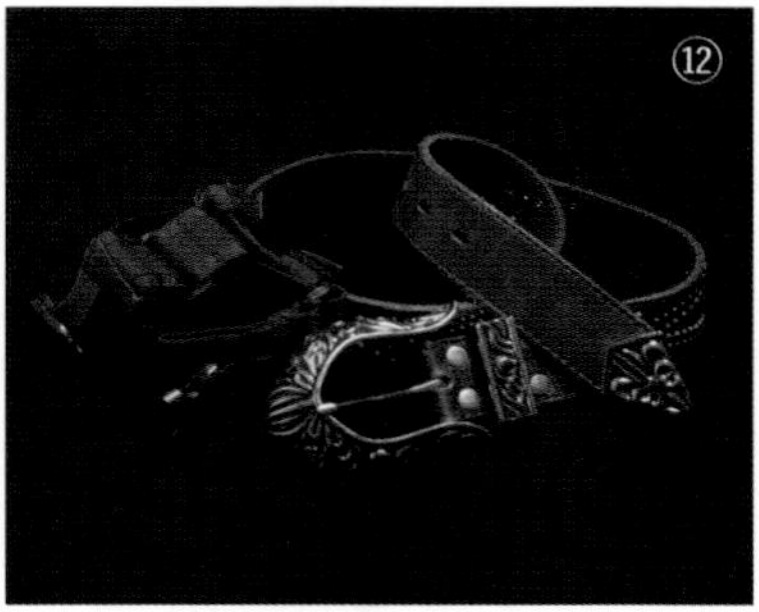

ベルト

以降の作品の流れを追うと、自分でもまさにラウドネスが生まれ変わったという感じがする。このターニング・ポイントを迎え、そこを乗り越えたことで、２０１０年代のラウドネスの曲作りのあり方の方向も定まってきた。その年にリリースされた『ＫＩＮＧ　ＯＦ　ＰＡＩＮ～因果応報～』は激しく炸裂するあんぱんのドラムから始まるが、あのアルバムにはかなり彼の存在が色濃く出ているし、彼がバンドの新たなエンジンになっているのを象徴するかのようなアルバムだったと思う。ステージにおいてもそうだし、海外でのツアーの際にも彼の存在が注目を集めるようになった。実は海外に行くと、あんぱんはめちゃくちゃ人気が高いのである。特にこのバンドの歴史をよく知らない人などは、あいつがそのへんを歩いているだけで声をかけてきて「一緒に写真を撮らせてくれ」と言ってくる。彼はそれぐらいの目立ち方をしているのだ。サムライなのかなんなのかわからない謎の巨人。あの容姿だけで大受けだ。向こうの人たちからすればミステリアスでクールなんだろうと思う。あのキャラクター、サイズ感、たたずまい自体が人々の注目を集めるのだ。そういう意味ではヴィジュアルも大事だな、と思わされる。が、そうやって彼のルックスにまず着目した人が、実際に彼のドラミングを目にして、改めて腰を抜かすことになるのは言うまでもない。

すべては最高のパフォーマンスのために

あんぱんこと鈴木政行を新ドラマーとして正式に迎え入れたのは、樋口さんが亡くなった翌年にあたる2009年の2月16日のことだ。その年の4月から7月にかけては『THE BIRTHDAY EVE～誕生前夜～』から『DISILLUSION～撃剣霊化～』までの初期4作品からの楽曲に絞った国内ツアーを行ない、好評を博した。その後、8月から9月にかけては同様に『THUNDER IN THE EAST』からの楽曲を軸とするツアーも実践した。樋口さんに捧げたアルバム『THE EVERLASTING～魂宗久遠～』が世に出たのは、そうしたツアーの狭間の5月のことだった。こうした趣向のツアーをやったことは、樋口さんに対する想いからでもあるし、あんぱんにこのバンドに早く溶け込んで欲しかったからでもある。もちろん彼は、こうしたツアーの機会を設けなくても、ラウドネスの曲をすべて知り尽くしていたが。

とはいえこうした機会を通じて今さらながら発見できたこと、再確認できたことというのが僕自身にも多々あった。自分のことながら「昔のラウドネスのこういうところは素晴らしいな」と素直に受け止められるようになってきていた。ある意味、自分のやってきたバンドを客観視できるようにもなってきていたのだろう。そこで気付いたことが、近年のアルバムでの音楽性に影響をもたらした部分というのも、少なからずあると思う。どの曲のどこにどんな形でそれが出ている、というふうには指摘できないけども、バンド内で話していてもそういう話になることが時おりある。以前、２００６年のアメリカ・ツアー中に、ファンから80年代の楽曲が求められているとツアー・マネージャーを通じて伝えられた時以上に、もっと具体的なところでの影響があった。

そうこうするうち、いつだったかのNY公演に、かつてのアトランティックのヴァイス・プレジデントだった、デレク・シャルマンが突然現れた。その前のNY公演のビデオ・クルーに彼の娘さんがいたらしく「お父さん、ラウドネスって知ってる?」「もちろん……ん、彼らまだやってたのか?」という親子のやり取りがあったとかなかったとか。それで、我々のライヴに足を運んでくれたわけだ。そして、その日の公演にいたく感動した彼は「もう一回アメリカでちゃんと勝負しないか?　80年代にまかれた種を、今こそ刈り取るチャンスだ!!」と我々に積極的にアプローチしてくれて、その後『M3

Ｒｏｃｋ Ｆｅｓｔｉｖａｌ』や『Ｍｏｎｓｔｅｒｓ ｏｆ Ｒｏｃｋ Ｃｒｕｉｓｅ』などをブッキングしてくれるなど、また新たな関係性が再開していったのだが、その後、残念ながら当時の日本のマネージャーとのやりとりがうまくいかず、ちょうど『ＴＨＥ ＳＵＮ ＷＩＬＬ ＲＩＳＥ ＡＧＡＩＮ～撃魂霊刀～』のレコーディング終盤、海外のリリース先を決めようと彼が動いてくれていた時に、「ところで今の日本のマネージメントとはいつまで続けるつもりだ？　本当にアメリカで勝負する気なら、全部我々に任せてもらうか、別の誰かを立てないとこれ以上協力できないぞ」と宣言してきたのだ。そんなデレクの助言もあり、海外への本格的再チャレンジを視野に、マネージメントの再編を考えることとなり、タッカンがある人に相談すると、「あっ、ちょうど会社辞めたばかりで、タッカンも知ってる人がいるけど、声かけてみようか？」というところから現れたのが現マネージャーの隅田くんだった。彼は僕とは入れ違いに、２期のツアーからベース・テックとして参加し、その後４期の初期までマネージャーも務めていたので、タッカンや、マーくんとも気心は知れていた。そしてラウドネスのマネージャーを辞めた後も、レコード会社やマネージメントで働いていたので、この業界にも精通していて、まさに飛んで火にいるなんとやらだったのかもしれない。そこから、我々はカタナミュージックを設立、マネージメント&レーベルとして、自分たちの信ずる音楽を追求すべく基盤を作っていくことになった。しかしアルバム『THE SUN WILL RISE AGAIN〜撃魂霊刀〜』がいよいよ完成、世界リリース、そしてワールドツアーへという最終段階で、押し曲や考え方など、様々なところでデレクたちとは考え方が合わず、結局袖を分かち合うこととなったのだった。その後、二度目の『Monsters of Rock Cruise』に出かけ、アルバムが国内でリリースされての国内ツアー、このチームで初のEUフェスとして、フィンランドはオウルで『Jalometalli Metal MuSic Festival（注：エアギター選手権などでも有名なフェス）』に出演、その帰りの飛行機待ちの間に『PRIME CUT MASTERPIECE SESSIONS』の企画が決まり、翌年久々に合宿スタイルで、メンバー全員がスタジオに入って一緒に音を出したのも、その後の我々にとって大きな意味があったと思う。そしてバンド結成35周年の盛り上げに向けて、マネージメントが各レーベルともミーティングを重ねる中で、無くなったと聞かされていた、30年前のUSツアーの映像が見つかり、マーくんが貴重なデモなどを自宅から発掘してくれたおかげで、『THUNDER IN THE EAST』の30周年を記念してボックス・セットを発売することができた。以降、『ＬＩＧＨＴＮＩＮＧ　ＳＴＲＩＫＥＳ』や『ＨＵＲＲＩＣＡＮＥ　ＥＹＥＳ』についても同趣向のアイテムをリリースしている。そうした機会を通じて80年代のラウドネスと改めて向き合えたことにも、大きな意味があったと思う。それ以上に大きかったのが『ＳＡＭＳＡＲＡ　ＦＬＩＧＨＴ～輪廻飛翔～』だ。２０１６年の7月に発売されたこのセルフ・カヴァー集で、僕らは初期の楽曲たちに真っ向から取り組んだ。かつては往年の曲をライヴで演奏する際にもチューニングを下げていた時代があったが、今のラウドネスはむしろ「昔の曲は昔のままで良し」というスタンスだ。かといってドロップ・チューニングの時代を否定するわけでもない。何かを推し進めていこうとする時に、もう一方を否定したり封印したりするような考え方ではなくなっているのだ。このカヴァー集で懐かしい曲たちを当時と同じレギュラー・チューニングの音を大事にしながら再録した時には、そうした楽曲たちの良さというものを改めて実感させられたものだ。

そうしたことからも理解してもらえるはずだが、近年のラウドネスはとても考え方が柔軟で、妙なこだわりは持たなくなっている。もちろん徹底的にロックすることについてはこだわり続けているけれども、90年代の僕が不在だった頃や、再集結当初の頃に

「ロックとはこういうものだ！」と自ら枠組みを決めていた頃とは明らかに違っている。気持ちの部分でのこだわりを抱え続けてはいるが、サウンド面やジャンル感といった意味でのそれは、だいぶ整理されてきたように思う。それによって、1曲1曲についてのヴィジョンもよりいっそうクリアに見えやすくなってきた。そういえば、２０１５年のアメリカ・ツアーでは、懐かしさを飛び越えるような驚きの出会いもずいぶんあった。まずは30周年を迎えた『ＴＨＵＮＤＥＲ　ＩＮ　ＴＨＥ　ＥＡＳＴ』の貴重映像&音源発見の機会に、当時の関係者からコメントを得るべくマネージメントとレーベルが奔走する中で連絡先のわかった、かつてのアメリカのマネージャーであるダニー・オドノバン（彼はフランク・シナトラのマネージャーでもあった）、そして『ＴＨＵＮＤＥＲ　ＩＮ　ＴＨＥ　ＥＡＳＴ』から『ＪＥＡＬＯＵＳＹ』までエンジニアを務めたビル・フリーシュがＬＡ公演を観にきてくれた。終演後はツアー・バスのラウンジで旧交を温めながら、その日届いたマックス・ノーマンのビデオ・コメントを見ながら、30年前を振り返って大いに笑った。その後、アリゾナ公演では、当時のアトランティックのA&Rだったニック・ロフトも遊びに来た。何よりの驚きは、南カリフォルニアのラモナでの公演中、最前列のセンターに何やら写真をかざして必死にこちらにアピールしてくるおじさんがいて……ありがたいファンがいるもんだなと、はじめは適当にあしらっていたのだが、よく見るとその写真は83年の初めての西海岸ツアーのもの！　その写真をかかげる主こそが、我々を初めてアメリカに呼んでくれたレコード屋さんのビル・バーカードだったのだ！　そうとわかるが先か、ライブが終わるが先か、袖にいたマネージャーに「最前列で写真を持ってた方がいなかったら、今のラウドネスはないくらい重要な人なんで、すぐに探してバスに連れてきて‼」と。その後、ツアー・バスに現れたのは紛れもないバーカード夫妻。当時の懐かしい写真をたくさん持ってきてくれて、これまた30数年ぶりの親交を楽しんだ。後でこれらのツアーで出会った人たちと話したマネージャーが、それぞれを紐付けていくと我々が思っていたのとは全く別なところで、ラウドネスが世界に出て行くきっかけが進んでいた驚愕の事実もわかった。このあたりは、別枠（240ページ）でマネージャーに語ってもらうことにするとしよう。

少し話がそれたが、近年のラウドネスの考え方が柔軟な点は、僕の歌い方自体についてもそうだ。2017年の終盤は、ずっと最新作の『RISE TO GLORY－8118－』の制作に取り組んできたけれども、その作業中、僕がアグレッシヴな歌い方をしていると、タッカンは「そんなに無理してデス・メタルみたいに歪ませなくていい。ニイちゃんの得意なトーンで自分らしく歌いあげてくれればこの曲は活きると思う」などと言ってくれた。そこで大事なのは僕が活きることじゃなくて、その曲自体が活きるということだ。そういう発言は、再集結当初の彼の口からは聞こえてこなかったように思う。むしろ「この曲はこういうアプローチだから、そこを目指せ」という感じで指示され、僕がそっちへ持っていく、というやり方だった。つまり、曲に自分を合わせていたのだ。それに対して今は、自分のいい部分を引き出してくれる曲があり、僕自身が自分の良さを発揮できさえすれば、曲自体がもっと良くなる、という感じ。タッカン自身がそうした発想になっているのだと思う。これは過去のアプローチとはえらい違いだ。楽曲『ＲＩＳＥ　ＴＯ　ＧＬＯＲＹ－８１１８－』での自分は、とてもナチュラルだ。楽曲のあり方は多様だが、そんなにいろいろな歌い方に挑んでいるという感覚は全然なく、無理せずに各曲を歌うことができている。こういうことを言うと語弊があるかもしれないが、それを承知のうえで、今だからこそ言っておきたいことがある。実は再集結当初、僕には、自分が歌わないほうがいいんじゃないかという感覚があった。「こういう曲で、こういうアプローチをするなら自分よりも上手くやれる奴がいるだろ？」という気持ちがあったのだ。当時のタッカンが求めていたような歌い方を得意とするヴォーカリストは他に絶対いるはずだし、そういう奴を引き抜いてやったほうが、それらしい感じにまとまるんじゃないか――正直なところ、そういう疑念が少なからずあった。

でも今は、まるで違う。「これを自分以外の誰が歌うねん?」という感じだ。ことにあんぱん加入以降のアルバムでの自分はそうなれている。「二井原実がいるからこのアルバムの歌が成立してるだろ?」という感覚になれているのだ。気持ちの部分でそうい られるか否かの差はとても大きい。そして、そうした気持ちが過去最上級に高まっているのが今回のアルバムだと思う。ある意味、丸17年かけて、ついにここまでたどり着いたという感覚でもある。同時に、この域に至るまでにはやっぱりこれだけかかるものなんだな、とも思わされる。実際、ここに到達するまでにはいろいろなことがあり過ぎたし、かなりの遠回りをしてきたという自覚がある。

面白いもので、バンドがそういう状態になってくると、いろいろな曲が出てくるようになる。同時に方向性が明確なものは、よりいっそう絞り込まれたものになってくる。ミュージシャンというのは、自分で自分のあり方を決めて縛ってしまい、自ら身動きの取れない状態に陥ってしまっていることがある。そうした縛りを持つことも時には大事だと思うが、敢えてそれを外して自然体でやることがいちばん大事なんだな、というとても当たり前のことに改めて気付かされたようにも思う。

あんぱん加入後のラウドネスは、かつてのように海外ツアーの頻度も高くなってきた。そうして継続的にツアーをしていると、年々、すべてが良い方向に向かっていることを実感させられる。たとえばヨーロッパには樋口さんの存命中にも渡っていたが、その頃はフェスに出られる機会があっても、出演順はせいぜい二番手とか三番手。午前中からの演奏を強いられたこともあったし、正午からの出番ならまだいいほうだった。しかも演奏時間も30分とか40分程度のもの。ところがそれ以降、毎年のようにしつこく行き続けていくうちに少しずつ出順も後のほうになり、持ち時間も長くなってきた。最近ではジューダス・プリーストやアイアン・メイデンといったヘッドライナーの前後あたりのポジションで演奏させてもらえる機会も増えてきたし、昨年はついにドイツとスペインでヘッドライナーも務めさせてもらった。そういう現状が実際にあるから、やっぱり諦めず、へこたれずに海外でもライヴを続けていく必要があるな、と思わされる。

かつて「80年代の曲をもっと！」と求められたことがあったのと同様に、『THUNDER IN THE EAST』なり『LIGHTNING STRIKES』の発売30周年にちなんだ構成のライヴを組んで欲しいといった要望が来ることが、今も多々ある。しかし今はそういったリクエストに対しても非常にオープンでいられている。再集結当初だったら、「そんなことやってられるか！」と断っていただろうと思うが、今はそういった声にも応えながら、そのなかに今の自分たちらしい新しい曲も織り交ぜてやるということが、柔軟に、しかも上手くできるようになっているのだ。そこで大事なのは結果としてそのライヴがいいものになるかどうかだ。いいライヴができたら、必ずそれは次の可能性へと繋がっていく。そうしたことを重ねたからこそ、こうしてヨーロッパの数万人規模の大型フェスにもウェルカムされるようになっているのだと思う。

そういえば『Ｓｗｅｄｅｎ Ｒｏｃｋ Ｆｅｓｔｉｖａｌ』というフェスがある。僕がたまたま日本で地元のバーで軽く飲んでいた時に、お客さんのなかにスウェーデンから来たという交換留学生がいたので、このフェスについて知っているか尋ねてみた。するとちょっと胸をそらせるようにして「我が国の自慢の、いちばん大きなフェスだ」と言う。そこで僕が「来月、それに出るんだ（※２０１６年に出演）」と言うと、「おいおい、冗談言うなよ」と呆れ顔をされて、まったく信用されなかった。「日本のバンドが出られるわけがない」と言って笑われた。僕がそこで信じてもらえなかったことはともかく、それくらい大きなフェスなんだということを実際の渡航前に知ることができたのは良かった。国を挙げての大きなイベントであるらしい。あの留学生とはその後一度も顔を合わせていないが、もしかすると帰宅後にあのフェスのオフィシャル・サイトを覗いて、僕がラウドネスの一員だと知ってひっくり返っていたかもしれない。

ここまでずっと欧米の話が続いたけれど、ここでアジア圏の様子も話しておきたい。ラウドネスはマイク・ヴェセーラ在籍時に韓国、香港、東南アジア・ツアーを成功させている。タッカンやマーくんからアジア圏での人気ぶりを聞いていたので、アジア圏でのライヴは夢だった。1995年頃の話に遡るが、歌手のもんたよしのりさんから電話が直接かかってきたことがあった。その電話は彼のイベントへの出演依頼だったのだが、その時に「二井原君、俺は東南アジアへよく行くんだけど、ラウドネスはあっちですごい人気やなぁ！　ほんま、びっくりするで！　あっちのミュージシャンたちはラウドネスのことをツェッペリンのように思ってるの知ってたか？　まじで、彼らにとってラウドネスは憧れで俺たちの誇りや言うてたで」と教えてくれた。その時から一度アジアへ行ってみたいという思いはずっとあったのだ。

僕のラウドネスとしてのアジア圏で初ライヴは韓国だった。韓国の観客の熱狂的な盛り上がりに、ラウドネスのデビュー当時の大阪ライヴを思い出した。韓国の某人気ロック・バンドのギタリスト君が「俺たちの世代のロック・ミュージシャンはほぼ全員がラウドネスの曲をコピーしてるんだ。ラウドネスの好き嫌い関係なく、ロックのセッション曲と言えば「LIKE HELL」。定番曲なんだ。韓国のロック・ミュージシャンは必ず一度はコピーする曲なんだ！」と教えてくれた。韓国では『THUNDER IN THE EAST』は正規にはリリースされていないらしく、みんな違法コピー盤を持っていたそうだ。そして同じ時期に、中国の大きなロックフェスにヘッドライナーとして呼ばれて大歓迎を受けた。2回目の時は政治的緊張で中止になったけれど……その後、初めての東南アジアでのライヴへと続く。インドネシア、マレーシア、タイでの熱狂的なオーディエンスの歌声は今思い出しても鳥肌が立つ。マレーシアで、あるインタビュアーが言った。「ラウドネスが日本のバンドだというのはわかっているけれど、アジアの人間としてラウドネスを誇りに思っているんだ！　同じアジアの有色人種が欧米に進出して認められた！　こんな痛快なことがあるかい？　ラウドネスは俺たちアジアが生んだ偉大なロック・バンドなんだよ‼」。

バンド結成時の夢は世界の舞台に立つことだった。その世界とはどこだったのか？　正直な気持ち、僕の頭には「欧米」が世界だった。バンド結成当初はアジア圏に関しては全く想像もつかない国々であった。でも、バンド結成から30年が経ち、アジア圏でのライヴを通じて、アジアの人々と触れ合い、彼らの思いを知ることができて、心から嬉しかった。ロックを通じて笑顔になった。以来、アジア圏はラウドネスにとっても大事な国々となった。ちなみに、マレーシアなどのムスリムのヒジャブ（頭に巻くベール）を巻いた女性たちが思いっきりメタルのライヴを楽しんでいる姿を見た時のカルチャーショック……今でも忘れられない！　東南アジア、実はメタルの人気も凄く高いのだ！　オーディエンスは爆発的な熱狂ぶり！　今のところ、今まで行った欧米の国々と比較しても東南アジアでのメタル熱は決して負けていないと思う。

アジア圏を始め、訪れたほとんどの国々では歓迎してくれたけれど、イギリスとアメリカでは極端なブーイングも受けた。AC／DCの観客は彼らだけが目当てであり、オープニング・アクトには興味もない。ロングアイランドなど、東海岸でのAC／DCアリーナ・ライヴはまさに地獄だった……客席から酒瓶、花火が飛んできて、MCの合間にはブーイング起こった。イギリスではサクソンのオーディエンスと喧嘩になりかけ、ツアー・マネージャーが驚いてステージ横で待機するほどの不穏な空気に包まれた。ステージ衣装や髪の毛は乱れ飛んでくる唾でべっとりだった。しかしそういった経験がラウドネスを逞しくさせたのは言うまでもない。残酷な観客も「世界」のある一面なのである。ロックはまさに戦いでもある。唾を吐かれようが、物が飛んでこようが、ブーイングされようが、立ち向かっていくしかないのである。

ワールドツアーという響きは華やかではあるけれど、実は孤独との闘いの日々でもある。毎日が非日常なのだ。喧噪の中にある孤独から逃れるために麻薬に溺れるロック・スターたちの気持ちも理解できる。ワールドツアーの狂気の毎日に、圧し潰されるような恐怖が襲うのだ。ある者は酒に溺れ、ある者は薬に溺れ、ある者は自ら命を絶つ。世界を相手にするロック・ミュージシャンは心身ともにタフでなければ生きていけない。

80年代に欧米を回っていた時は、すべてのことについて、ひとつひとつ学びながら取り組んでいた感じだった。日本ではやったことのないことに僕はアメリカで取り組んでいた。逆に今は、そこが外国だからといって特に自分のなかのスイッチを切り替えるようなことはない。違いは言語だけだ。ただ、望ましい環境でライヴができないことも日常茶飯事だ。フェスなどの場合、ひとつ前のバンドの演奏終了後、転換は15分ぐらいしかない。そこでは1分1秒も無駄にできないし、それで演奏開始が遅れれば、自分たちの持ち時間が減っていくだけだ。サウンドチェックをする時間も当然なく、とりあえず音が出ればそのままGOみたいなケースも結構ある。ドラム・セットなどは持参せずに行っているから、向こうで用意してもらえたものを叩くという感じだし、アンプも出たとこ勝負でどんな音になるかわからない。だけどとりあえず音だけ鳴れば出て行けるし、そこで僕らはいいパフォーマンスをすることに徹するだけだ。実際、結構シビアな環境でプレイすることを今なお強いられていることは間違いない。

日本でやる時は基本的にワンマン公演だから他に出演者もいないし、たっぷりサウンドチェックにも時間をかけることができ、楽器も機材も自分たちの使い慣れたものを使用できる。照明もふんだんにあるし、面倒なことはすべて専門のスタッフが当たり前のようにやってくれる。ただ、海外ツアーは今も基本的にはメンバー4人とマネージャーだけで行っているため、マネージャーはひとりで何役もこなさなければならないし、僕らも日本では人任せにしていることを自分でやらなければならない。そういう意味では、年々待遇が良くなってきつつあるとはいえ、まだまだ海外で自分たちが置かれている状況というのは、そんなにも良好なわけではない。ただ、毎回とてもいいチャンスをもらえているので、それをグッと掴んで、いい結果を残すことができれば、それが次の機会へと繋がっていく。マーチャンダイズの売り上げも伸びるだろうし、ギャラも増えるだろう。だから結局、我々が最重要視すべきなのは、どんなに厳しい状況だろうと最高のパフォーマンスをすること。それしかないと言ってもいい。

僕らもさすがに経験上、そこがどんな場所であれ、音がちゃんと鳴りさえすれば最低限これだけのことはできる、というラインが自分たちで見えているし、毎回それをクリアできている。誰かが病気をしているとか、僕が風邪をひいていて喉がヤバいとか、そういうことになっていない限り、今は本当に安定していいライヴをやれている自負があるし、そこについては自分でもすごいなと感心させられる。だからとにかく重要なのは、国内と海外とでスイッチを切り替えるといったことではなく、どんなに厳しいシチュエーションでも心が折れないようにすることだ。なにしろヴォーカル用のモニター無しで歌うこともあるほどだし、そこでいちいち挫折しているわけにはいかない。

かつて80年代にモトリー・クルーやAC/DCと一緒に北米ツアーをやった時には、日本からPAエンジニアも来てくれていたし、舞台監督、照明、ローディー、マネージャーと何人も同行してくれていた。ステージ自体も結構いい条件で使わせてもらえていたし、当時日本でやっていたのとさほど遠くない環境でやらせてもらえていた。今の自分たちの海外ツアーの環境からすれば、まるで大名のような扱いだった。すべてスタッフが準備してくれていて、自分たちはステージに出て行って演奏するだけでいい。演奏が終われば衣装も脱ぎっぱなしで放置しておけば誰かが片付けてくれる。洗濯して、パッキングも全部やってもらえる。今のほうがそういう意味ではずっと過酷だといえる。

僕のフロントマンとしての部分について改めて考えてみると、このスタイルはある意味、日本で生まれて海外で完成されたものだといえるかもしれない。モトリー・クルーやシンデレラと回っていた時には、横からパフォーマンスを観させてもらい、ステージ上での立ち居振る舞いというのを勉強させてもらった。ヴィンス・ニールやトム・キーファーのやり方を間近で見て、「ああ、ああいうふうにやるのか。なるほどなるほど」と感心させられたものだ。たとえばギター・ソロ中に何もすることのない彼らはどんなことをしているのか。そういう時にお客さんはどうなっているのか。そうやって彼らの一挙手一投足を観察していた。フロントマンとしてのマナーなんてものは誰も手取り足取り教えてくれるものではないから、そうした経験はすごく勉強になった。もちろんなかには良くない見本もあったし、「あれはやっちゃアカンのやな」と納得させられることもあった。まさに人の振り見て我が振り直せ、というわけだ。そうやって、いろいろなヴォーカリストのいいところだけを拝借し、自分なりに吸収しようとした。

大きなステージに立っている時は、目の前のお客さんじゃなくて遠くのほうを見る。基本中の基本だが、これも大事なことだし、僕はそれをその当時に学んだ。目線の置き方ひとつがとても大事なのだ。いかにしてオーディエンスを操縦し、コントロールするか、という意味において。AC／DCのブライアン・ジョンソンから学んだところも大きかったし、あとはなんといっても、トゥイステッド・シスターのディー・スナイダーだ。あの人の喋りはもう天下一品。ある意味、催眠効果があるんじゃないかと思えるほどだ。ヒトラーを引き合いに出しては悪いだろうが、洗脳に等しいくらいの扇動力がある。彼に煽られると、無条件に人々は高揚する。あれはすごいなと思った。もちろんブライアン・ジョンソンにもヴィンス・ニールにもそういう部分はあるけども、ディー・スナイダーはその点において突出していた。トゥイステッド・シスターは有名なヒット曲もいくつか持ってはいるけども、そこまで超メガ・ヒットを抱えているようなバンドではない。でもステージ上の彼のオーラと扇動力は半端じゃなかった。その場の空気を強引に自分の色に染めていく力というのが備わっているのだ。

そして、ロニー・ジェイムス・ディオ。僕は彼のステージを、海外では一度だけしか観たことがない。それ以外はすべて日本で観てきた。だから往年の彼が果たして欧米ではどんなステージ・コントロールをしていたのかというのを知らずにいる。今の時代はその断片をＹｏｕ Ｔｕｂｅなどでも見ることができるわけだけども、やっぱり画面で見ているのとその場に居合わせて体感するのとでは違う。そこで感じられるオーラ、目力といったもの。あの小柄だったロニーが、どんなふうにしてオーディエンスを操っていたのかを、もっと目の当たりにしたかったものだ。

そのロニーとは、何度か対談させてもらったことがある。あれは忘れもしない１９９７年のこと、ＳＬＹ当時の話だ。樋口さんのソロ・アルバムでロニーが歌ってくれることになり、ロサンゼルスで録ることになった。そして樋口さんに「ニイちゃんもおいでよ」と誘ってもらえたので僕もそれに同行し、ちょっと通訳的なヘルプもすることになった。そしてスタジオにロニーが歌録りに来た時に、対談をさせてもらったのだ。僕にとってはまさに雲の上の人。素直にずっと憧れてきたことを伝え、いかにロニーのことが好きかを力説した。すると、彼も「キミのことはよく聞いているよ」と言ってくれて「ははあ！　畏れ多い！」という心境になった。

そして一通り対談を終えた時、彼が唐突に「おまえ、今年の秋、何してるんだ？」と聞いてきた。何の話かと思えば「良かったら次のヨーロッパ・ツアーで俺の付き人をやってみるか?」と言う。2ヵ月ほどのツアーがあるから来い、と。しかも費用まで負担してくれるという。ツアーに完全同行して、ステージを毎晩横から見て勉強すればいい、と。願ってもない話だった。ところが僕にはその時期、すでにSLYの全国ツアーが決まっていて、それがディオの公演スケジュールとぴったり重なっていた。さすがにそれをすっ飛ばしてロニーからの申し出を受けるわけにはいかなかった。でも、もしもあの時、SLYのツアーがなかったら、僕はヨーロッパに飛んでいたと思う。実際、今だから言えることではあるが、SLYを蹴ってでも行っておけば良かったのかな、と思うこともたまにある。そうしていたら運命も違っていただろうし、今、ここにはいなかったかもしれない。日本で暮らしていなかったかもしれないし、本当にそのままディオの側近として彼に関わり続けていたかもしれないし、そのツアーで何かを悟って帰国し、サラリーマンになっていたかもしれない。もっと言えば、あの時SLYを前座に起用してくれれば話は早かったかもしれない。ただ、「いつか一緒にライヴをやろう」みたいなことを社交辞令で言われることはよくあるけども、付き人になることを推薦してくれるというのはとても珍しいことだと思う。何が言いたいのかといえば、軽い気持ちで提案できることではないし、ロニーも本気で言ってくれていたんだろうということだ。その彼と会って話をすることも、今となっては叶わぬ願いになってしまったが。

こうしてずっとライヴ活動をしてきたなかで、オーディエンスに対する感じ方も自分のなかで変わってきた。なにしろデビュー当時は自分たちと同年代前後の観客が大半だったのに、今では自分の子供にあたる世代も含め、まさしく老若男女が観に来てくれているわけで、同じままであるはずもない。そこでファンに対する目線が、愛おしい、という感じのものになってきている部分もある。ただ単純に煽るべき対象なのではなく。僕自身がそこで重んじるようになったのは、ちゃんと挨拶すべきところで挨拶し、感謝すべきところではそれを実際に口にするということだ。四文字言葉を使って煽るべきシチュエーションというのもロック・コンサートには当然あるし、それはそれでいいんだけども、感謝の気持ちを伝えるべきところではそれをきちんと伝えることが何よりも大事だ。そういった使い分けが、場面に応じてできるようにはなってきていると思う。昔は「ファッキンなんとかカントカ！」みたいな感じで煽るばかりだったけども、たとえば「今、こうしてステージに立てているのはキミたちのおかげだ」みたいな想いは、自分のなかに抱えているだけじゃなくちゃんと伝えるべきだし、そういうことを言う場面というのを自分から作ったほうがいい。するとお客さんも、煽られた時とは違った種類の盛り上がり方をしてくれるものだ。それにもちろんその感謝は、単なるセリフではなく本当の気持ちだ。

昔はそういうことを言える余裕もなかったけども、こうして年齢を重ねてくると、それができる心の余裕も生まれてきている。お客さんへの感謝というのが、若い頃よりも大きくなってきているというのもあるし、昔はどれだけ感謝していてもそれをうまく英語で伝えられるかどうかという問題もあった。でも今は、普通に日常会話をするような感じで、オーディエンスにそう語りかけることができる。もちろん、そんなに立派な英語ではないけれども。それができるようになったのは、やっぱり経験のなせる業なのかな、と自分でも思う。誰かがやっているのをそのまま真似すればいいというものでもないし、それなりに経験を踏まないとできないことであるはずだ。その気持ちが本物かどうかは空気に出てしまうし、それに対する反応はオーディエンスの顔に出てくる。そこでその場の雰囲気に飲まれてしまっては、伝えるべきことも伝えられなくなってしまう。

オーディエンスは、とても正直だ。たとえば僕が「あれ？　今日は調子悪いかな」と思いながら歌っていると、それなりの反応になる。ハジケきれない中途半端な盛り上がりになってしまうのだ。逆に、たとえ機材トラブルか何かがあって音が多少悪くても、自分がガーッと歌って調子いい感じでやっている時は、会場はドカーンと爆発する。そういうことは何度も経験してきた。そういう意味ではお客さんは嘘をつかないし、ある意味、その日の自分たちを映し出してくれる鏡でもある。「ああ、今日はいいライヴをやっているんだな」というのは客席を見ていればわかるし、さほど調子がいいわけでもない日にお客さんがえらく盛り上がっている時は、自分が調子の悪さを克服していいライヴができているんだと理解できる。逆に自分としては絶好調なつもりなのにノリが悪いという時には、何かその原因があるんじゃないかと考えさせられる。それは音響なのかもしれないし、曲の並び方なのかもしれない。何かきっとそこに、マイナス要因がある。オーディエンスはそれを察知させてくれるのだ。

ラウドネスはそもそも、世界に通用するバンドを目指しながら始まった。そしてそれは、今現在のラウドネスにとっても同じことだ。自分自身のことよりも、まずはバンドとしてそれをこれからも目指していくことが先決だと思っている。ここ数年、毎年のように欧米を回ってきて、フェスなどのステージにもたくさん立ってきて、ラウドネスがすごくいいライヴをやっているということを自分でも実感できている。昨年チェコでやった野外コンサートには、これまでの生涯で経験してきたライヴのなかでも指折りの感動があった。ステージ上で歌いながら自分で感動することなんて滅多にありはしないけれども、そういうコンサートができるようになった。それが自分自身をいっそう掻き立ててくれる。

今やもう音楽の世界も、ＣＤを売ってどうのこうのという時代ではなくなってきている。しかしライヴという場は失われるものではない。ロック・ミュージシャンという言葉は、ライヴをやる人たち、という意味に変わってきていると思う。昔はまずスタジオでアルバムを作って、それを売るためにＭＴＶとかに出たり、ツアーをしたりしたものだけども、今はまずライヴをやる。ＣＤが売れる枚数は激減したけども、みんなライヴは観に来てくれる。そこで今のラウドネスは、自分でも感動をおぼえるくらいのライヴをやれるようになっているわけで、だからこそみんなにもまた観に来たいと思ってもらえるんだろう。そして、その感覚を継続して味わうためにアルバムを買ってくれる人がふたたび増えてくれるのかもしれない。そうやってこの先、このバンドがどんなふうに化け続けていくことになるのかが、僕は自分でも楽しみだ。

もちろんふたたびビルボード誌のアルバム・チャートに名を連ね、かつての自己記録を更新できるようにでもなれば、それはそれで素晴らしいことだ。ただ、ライヴをしていて、たとえばデビュー・アルバムの曲をやっても、『ＴＨＵＮＤＥＲ　ＩＮ　ＴＨＥ　ＥＡＳＴ』の曲をやっても、最近の曲をやっても、ちゃんといいステージさえやっていれば同じように盛り上がるということが今の自分には身をもってわかっている。だからもはや、そういった記録云々といったことも超越したところにいるような感覚でもある。どんなふうに曲を並べていくか。どこでどんなことを伝えるか。すべてはいいステージをやるために考えることだし、何よりもそれを重視するようになっている。僕のなかではそういうことだ。

こうしてもはやラウドネスは30枚近くのアルバムを出してきて、持ち曲も何百という数になってきている。本当にいいステージをするために、いくらでもプレイすべき曲の選択肢がある。そこで完璧なメニューを作り上げて、素晴らしいパフォーマンスをして、その公演を大成功させる。それを重ねて転がり続けていくと、その先にはもしかしたらアルバムがチャートを急上昇するというような出来事も待っているのかもしれない。仮にそれが、ＣＤセールスではなくダウンロード回数によるものであったとしても。

正直に言うと、昔はライヴが苦痛だったこともあった。それくらい大変なことではあるし、喉の問題を抱えていた時分は特にそうだった。なかなか自分のケアもできず、コントールすることができずにいた。だけど今は、何をどうすればいいかというのをちゃんと理解できているし、自分を操縦できるようになっている。さすがにこの年齢で20日間連続ライヴとでもいうことになればどうなるかわからないけれども、よほど過酷なツアーがブッキングされない限り上手くやって行けるはずだし、これを続けていった先に何があるのかが楽しみだ。最終的にそれがどういった形で結実するのか……それを見たいがために、僕はこれを続けているんだと思う。

だから今や僕の目標は、遠い先にある何かではなく、次のステージを最高のものにすること。目の前のライヴを最高のものにし続けていければ、おのずと結果はついてくるはずだと僕は信じている。もちろんチャート記録が気になっていた時代もあった。しかし今の時代、それは意味も価値もよくわからないものになっているし、よくわからないものに対して一生懸命になることは僕にはできない。それにこだわることに価値があるとも思えない。それよりもステージを成功させること。そのために自分はどうすればいいのか、ということを考えることが大事だ。健康管理もそうだし、作るべきアルバムの内容もそうだ。

いいライヴをやるための努力ならば、僕には苦にならない。僕にとってのライヴは、ステージに立ってからそこを去るまでの時間ではなく、会場に着いて喉を温め始め、準備するところからその日のライヴが始まっている。フェスなどでの持ち時間が長くないステージの時でも、そうしたことのためには時間を充分に使わなければならない。だけども、それをしなければみんなに満足してもらえるようなステージを届けることができなくなる場合があるし、そんな調子では僕自身もライヴを楽しめなくなってしまうのだ。

日々のケアについてもちっとも苦には感じないし、酒も自然に呑まなくなってきた。もちろん嫌いなほうじゃないけども、年齢を重ねていくうちに酒が抜けるのにも時間がかかるようになり、酷い時には二日酔いでは済まず三日酔いみたいなことになったりもするようになってきた。そういう時には「もう二度と呑むまい」と誓ってはそれを破ってきたわけだけれども、そうした人間ならではの過ちを繰り返しているうちに、あまり呑みたいとも思わなくなってきた。二日酔いの自分にベストなパフォーマンスはできないし、出てくるべき言葉も出てこなくなる。だから「明日はライヴだな」と思うと、意識的に控えようとするのではなく、自然に酒には手が伸びなくなってくるし、就寝すべき時間にも眠り始めるようになった。そういう生活のなかでで「本当はこんなこともしたいのに」という欲求も特にはないから、喜んで僕は寝床に入る。もちろん読みたい本とか観たい映画とかはあるけれども、それはライヴのない日にすればいいことだ。

そういう意味では、今の僕には、やるべきことをしながら日々を過ごしていれば問題は起きないはずだし、今現在のような活動を続けていくうえで、大きな不安材料というのはほとんどない。もちろんそんな僕にもラウドネスにも、いつか終わりは訪れる。僕自身のことで言うならば、今と同じスタイルでこれから先どれだけ歌い続けることができるかは、正直なところ自分でもわからない。少なくとも、このレンジでこのテンションで歌えるかどうかは。ただ、曲のあり方も含めてヴォーカル・スタイルを少しずつ移行させていくことは可能であるはずだし、いろいろな選択肢を考えれば、ずっと歌い続けていくことは不可能じゃないはずだという気がする。

ただ、ラウドネスを今のような形でどれだけ続けていけるのかは、僕にはわからないし、なんとも言えない。あと5年なのかもしれないし、もっと長いのかも、もっと短いのかもしれない。まわりのヴォーカリストを見ていても、ある年齢を境にガクッと声量が落ちていたりすることに気付かされることがある。とはいえスコーピオンズのクラウス・マイネのような例外もいるし、自分だって例外になり得るのかもしれない。誰かの言う「元気があれば何でもできる」というのは本当のことで、結局、そこに行き着くようなところがある。そう、実際、元気があれば大概のことはできるのだ。

少なくとも今の僕は、いくつになったら激しい曲を歌うのは控えよう、いくつになったら引退しようとか計画しているわけではないし、そういった意味での将来設計は一切ない。それを今決めようとするのはナンセンスなことだ。続けていきたいことをそのまま続けていくなかで、無理が生じそうになってきたら考えればいいことだと僕は思う。

こうしてヨーロッパのフェスからオファーが来たり、世界各地からラウドネスを観たいという声が届く以上、僕はそれに応え続けていきたい。今日があり、明日があり、明日やりたいことがある。今、自分がやっていることは使命であると同時に、いちばん楽しいことでもある。苦しいだけだったらこんなに続くはずもない。しかもこれだけ続けてきた自分たちには、多少苦しかろうとそれを続けていくための知恵も、充分すぎるほど経験から学んできた。メンバー同士、お互いの顔も見たくないような状況に陥るようなことにでもなれば、それは存亡の危機ということになるだろうが、そんな事態が訪れる気配はないし、そういうことになるとは到底思えない。本気でやりたいことを続けていくための方法は、結局、これまでの経験が自分に教えてくれているのだと思う。

ラウドネス世界進出の裏話

隅田和男（ラウドネス・マネージャー）

ビルさんとメンバーの対面後、当時の話をいろいろ伺い、メールのやりとりもするなかで新たにわかったことがあった。ラウドネスの世界進出は、2nd／3rdアルバムのエンジニアを務めたダニー・マクレンドンの「おまえら、この次はどうすんだ?」という台詞に始まり、サンフランシスコのレコード屋さん（もちろんこの人こそがビル）が呼んでくれて……というのが、業界やメンバー内でも定説になっている。ではなぜビルがバンドを西海岸まで呼び寄せるに至ったのか? もちろんビルとダニーは地元での顔見知りではあったわけだが……。実はネットも携帯もないあの時代に、各国のメタルの要人たちにも独自のネットワークがあり、それぞれの国の作品やファンジン情報を交換しあっていた。それこそが世界進出に至った真実だったのだ。ビルがラウドネスを知るきっかけになったのは、何を隠そう日本のメタルゴッドこと評論家の伊藤政則さんで、当時マネージメントしていたアースシェイカーやアンセムに加え、5X、BOWWOW、さらにラウドネスのLPも世界中のネットワークに送ってくれていたのだ。その中で、まずビルが食いつき、そして店に出入りしていた、のちのベイエリア・スラッシュと呼ばれたメタリカ、テスタメント、エクソダスやデス・エンジェルのメンバーも反応した。ビルはそういった西海岸のバンド情報と引換に、日本からはラウドネスのLPを仕入れて販売してくれていたのだ。このネットワークは、もちろん東海岸のレコードショップや欧州のメタルマガジン、インディペンデントなレーベルなど、世界各地とも繋がっていて、メタル・ブレイドのブライアン・

スレイゲルも当初からラウドネスに反応したひとりだった。ラウドネスのメンバーがよく語る「初めて西海岸に降り立った時、自分たちの曲がラジオでかかっていて驚いた」「カントリークラブのライヴをアトランティックの人がたまたま観に来ていて」もまた定説である。しかしアトコの初代A&R（発掘／宣伝など）を務めたニック・ロフトに「なぜラウドネスと契約したの?」と聞いたところ、「当時、僕はラジオのDJをやってたんだけど、ブライアン・スレイゲルにラウドネスのLPをもらって、これはヤバイ!とよく番組でかけてたんだ。するとある日ブライアンからラウドネスのライヴがあるから一緒に行こうと誘われて、観たらそのパフォーマンスに衝撃を受けてね。それで知り合いのA&Rに相談したら、この手の音楽はよくわからないから、上の人間紹介するよってことで、話しに行ったんだ。すると、そんなに彼らの音楽をわかってるのなら、いっそ君がA&Rやりなよって話になってね」と、まさにアメリカン・ドリームのような真実がここにもあったのだ。これには、さすがのメンバーも30年目にして知った真実だと驚いていた。以上の話は、帰国後、伊藤政則さんともお話させていただいて、すべての点が線でつながった。思えば5Xのギタリストであるジョージ吾妻さんが、シスコ時代の友人のダニーをエンジニアとして東京に呼び、『THUNDER IN THE EAST』では通訳をして、現在は高崎晃と共にキラー・ギターズを経営していたりもする。人の縁は不思議だと思うし、支えてくれるファン以外にも、いろんな人の縁と力があってこそ、バンドの現在があるのだなと改めて思うのであった。

第七章

家族よ

ONE

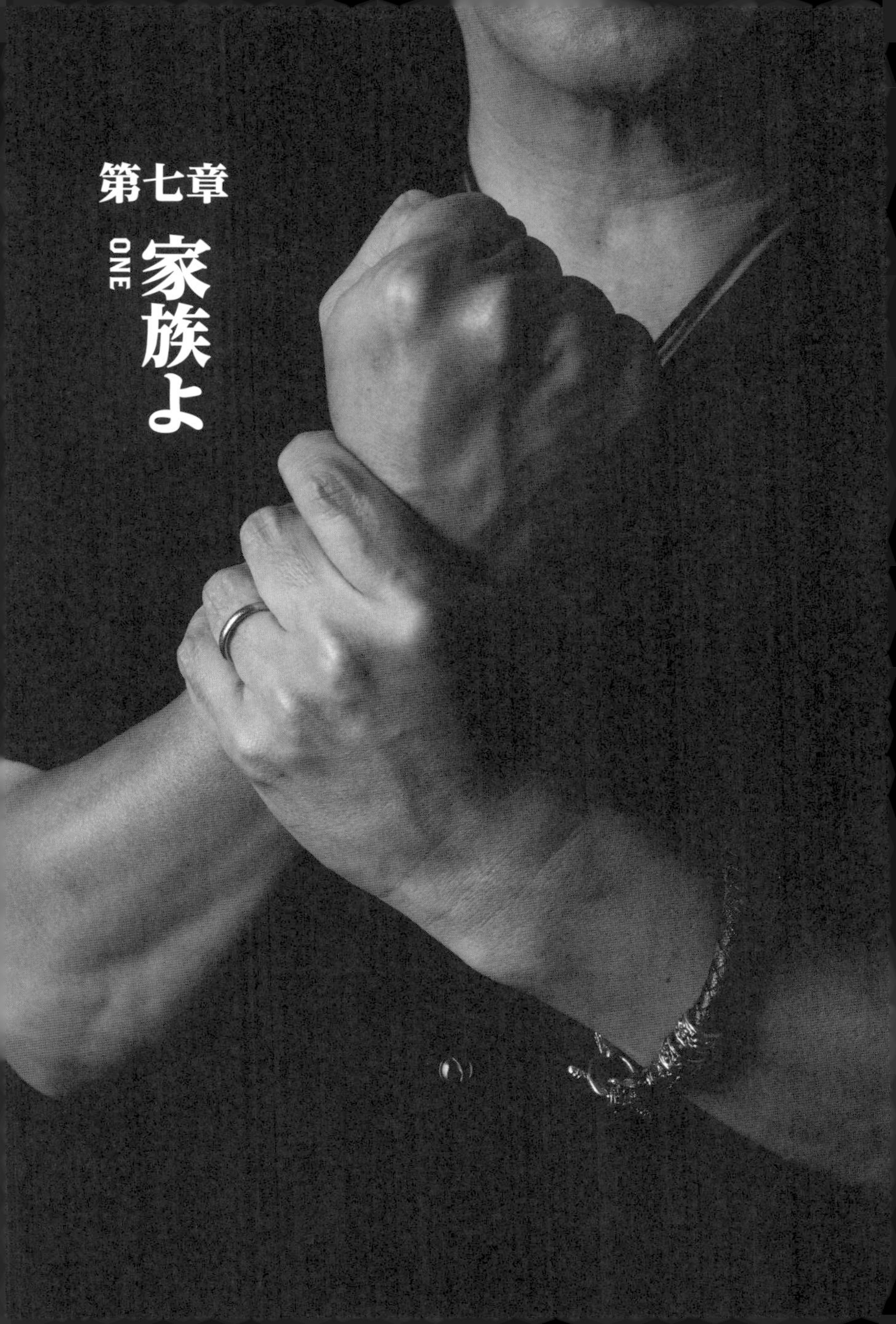

愛すべき妻と子供たちへ

せっかくの機会なので、最後に僕個人のことをもう少しだけ書いておくことにしよう。僕は日本に生まれ育ち、今もそこで暮らす典型的な日本人だ。視野は世界に向けているつもりだし、アメリカでの生活経験もあるが、外国人のようになりたいと思ったことはない。近年では海外で活動する日本のバンドも増えてきているようでとても嬉しいが、なかには向こうのプロデューサーや関係者に「もっと日本人としてのアイデンティティを強調したほうがいい」などと言われている人もいるかもしれない。だけども僕に言わせれば、日本人はどう転んでも日本人なのである。それを身をもって知ったのは、僕がどんなにネイティヴのナチュラルさを目指して英語で歌ってみても、日本人の英語にしかならないという現実と向き合った時のことだ。マックス・ノーマンもお手上げだった。しかし同時に彼もまたそこで、日本人にしか聞こえない英語だからこそ、それが逆に個性になるということに気付いた。だからそれを強引に矯正する必要はない。言葉に限らず、ラウドネスの音楽自体も欧米人の耳にはとても日本的、オリエンタルなものとして聴こえるらしい。よく言われるのは1stアルバムの1曲目に入っている「Loudness」という曲のリフやビートに、盆踊りに通ずるものがあるということ。やっぱりタッカンの血には〝河内音頭〟があるのかもしれない。

冗談はさておき、僕らにはどんなに隠そうとしても出てしまう日本人としての、日本のバンドとしてのアイデンティティがある。それは弱みではなく強みになり得るものなのだから、押し殺そうとするのは間違いだ。変な話、日本人だからこそモテる場合もある。外国人のような風貌になろうとする必要はないのだ。

僕はときどき、恋多き男などと呼ばれることがある。確かに惚れっぽいところはあるかもしれないし、しかも強引なところがあるようで、一目惚れすると猛アタックを仕掛けてしまう。ありがたいことに相手からNOと言われたこと、振られたことはほとんどない。というか、振られそうな相手には声をかけないという、ちょっとした姑息さもあるのだが。

初めてアメリカに行ってサンフランシスコでライヴをやった時、それを観に来てくれたミッシェルという子に惹かれ、英語もろくに喋れないというのに酒の勢いで口説き、しばらく付き合っていたことがあった。とはいえ日本に帰ってくれば会えないし、国際電話で話せるほどの英語力もなかったから、もっぱら文通のような付き合いではあったのだが。

最初の結婚相手とは、『THUNDER IN THE EAST』のレコーディング前に、英語の勉強のためにロサンゼルスに滞在していた頃に出会った。サンセット・ストリップにあるレインボー・バー&グリル（そう、あのモーターヘッドのレミーが常連だった店だ）に食事に行った時、日本人の可愛い女の子と出会い、例によって僕のほうから猛アタックした。そして帰国後、彼女と結婚したのだが、式も挙げず、メンバーにも事務所にも内緒のままで、すべて事後報告だった。しかし、その後の結婚生活は長く続かず、当然ながらやがて別れの時を迎えることになる。それにも懲りず、二回目の結婚にいたるあたり人間というものは……そして、最終的には、この二度目の結婚も終焉を迎えることとなった。

そして、二度あることは三度あるとはよく言ったもので、その後、現在の妻と出会う。彼女との出会いもまた、友人がヴォーカルを務めるバンドの打ち上げの席でのことだった。彼女はそこでキーボードを弾いていたのだ。妻とはもうかれこれ17～18年になる。めでたいことに、子供にも恵まれた。40歳を越えてから、初めて父親になった。可愛い子供たちのためにも妻を大切にしなければいけない。そんな意識がこんな僕にも生まれた。

　現在、上の子は16歳、下の子は12歳になる。小さい頃、さすがに子供たちは父親の仕事がどんなものなのか、よくわかっていなかった。あれは上の娘が幼稚園児だった頃だと思うが、「パパどこに行くの?」と聞かれて「お仕事だよ。練習があるんだ」と答えると、「パパも早く有名になるといいね」と言われたことがある。ところが学校に上がると、二井原という姓はめずらしいから、いろいろなところで「君のお父さんはもしかしてヴォーカリストじゃない?」というようなことを言われるようになったようだ。先生とか父兄が、まさにラウドネスを聴いて育った世代なのだ。だからときどき、彼女は「誰々のお父さんがパパのファンなんだって」とか「教頭先生がラウドネスを追っかけてたんだって」という土産話を持ち帰ってくる。のちに携帯電話を持つようになると、二井原という名前を検索してみたらしい。するとあまりにもたくさん出てくるものだから、「うちのパパはウィキペディアにまで載っている」と驚いていた。高校生になった現在ではさすがによくわかってくれているし、下の子のほうもようやくわかってきた。しかも上の娘は音楽に興味を持ち始めていて、歌ってみたいという希望も持っているようだ。僕は、やれともやるなとも言わない。いよいよ本当にやるということになったなら、そこで何らかの助言をするだろう。やめとけ、と言うかもしれないけども、娘が歌うのを見てみたい気もちょっとする。しかしこれから進学などもあるし、彼女自身が何をやりたいかを決めてからの話だ。

家で音楽を聴く時にはもっぱらクラシックか、いわゆるクラシック・ロック。あとは最近、いろいろなトリビュート・バンドの映像をＹｏｕＴｕｂｅで楽しんでいる。そういった時はいつもヘッドフォンで聴いているから、子供たちが僕の音楽趣味に影響されることはまずないだろう。ただ、ライヴを控えている時期に、歌詞を見ながら確認している時にラウドネスの曲を耳にしている可能性はある。「これ、パパのお歌？」「そうだよ」「うるさいんだね」みたいな会話をしたことも実際あった。

三度目の結婚で、僕はようやく落ち着いた。まさに三度目の正直だ。離婚するぐらいのエネルギーがあるなら、考え直すべきだ。離婚は誰も幸せにしてくれない。別れたところで、どうしても後味の悪さは残るものだ。

子の親になったことで、僕自身の考え方にも変化が生じた。なにしろ守るべきものがあり、僕を必要としてくれる人たちがそこにいる。何も責任を抱えていなかった頃とは意識が変わってくるのが当然だろう。ラウドネスでは子供たちに向けた歌詞を書くことはないけれども、X.Y.Z.→Aにはいくつかそういう曲もある。加えて、MCもやや変わってきたかもしれない。子供ができてからは、あからさまに下品なことは言わなくなったように思う。いわゆる下ネタとかを口にしそうになったところで、いい意味でブレーキがかかるのだ。芸人さんたちは恋人ができると面白くなくなることがあるようだけど、それもなんだか理解できる気がする。

今後、新たに誰かと恋に落ちることはないと思う。なにしろ唯一の出会いの機会である打ち上げの席にも、僕は出ないのだから。ツアー千秋楽に限っては別だが、ラウドネスのツアー先でも僕とあんぱんは体調管理のために終演後はホテルに直帰する。神様に、僕を打ち上げの場に行かせぬよう誘導されているのかもしれない。神様じゃなく、樋口さんかもしれないが「おまえはちゃんと家庭を守れ。そうすればちゃんと歌い続けられるようにしてやるから」という声が聞こえてくるようだ。

こうして自分が父親になったことで、親の気持ちというものを初めて理解することができたようにも思う。うちの親父は家具を作る会社に雇われる家具職人だった。勤勉で朝早くから夜遅くまでよく働く人だった。毎晩大酒を呑んでいたが優しい親父だった。

腕が良いという自負があり、一度は独立して家具や陳列の制作会社を興したのだが、商売に向かない内気な性格が災いして、お客さんからの集金ができずにあっという間に会社は失敗した。ある意味、芸術家肌だったのかもしれない。おふくろは商売をしていたし、いつも慌ただしくしていた。毎日の生活に追われ、生活費のやりくりに苦労しているのも知っていたし、借金取りが家に来たこともあった。ただ、そんな苦労をしつつも僕には好きなようにさせてくれた。なにしろろくに勉強もしない僕を大学にまで行かせてくれ、楽器が欲しいといえば買い与えてくれたのだ。実際、僕には何ひとつ不自由はなかった。

人は、自分が育てられたのと同じように自分の子を育てるものだという。だから僕の両親も、僕が子供たちを見ているのと同じように僕を見守ってくれていたはずだし、そうやって考えてみると、やはり親というのはありがたいものだなと思う。僕の場合は年を取ってからの子だから、特に下の息子は孫のようなもの。僕はかなり彼の言いなりになってしまっている。彼が欲しがるものを何でも買い与えようとする僕に家内が駄目出しをする、という具合だ。よほどのことがない限り叱りはしないが、まれに怒ると本当にビビっている。そういう時はおのずと大阪弁になってしまうから、それにも驚くようだ。

僕は自分の両親が僕にそうさせてくれたのと同じように、この愛すべき娘と息子にも好きな道を選んで欲しいと思っている。そんな子供たちと妻への感謝の気持を表しながら、この物語を締め括ろうと思う。本当に、ありがとう。

娘、息子と

あとがき

増田勇一

二井原実の歌声を初めて耳にしたのは、当然ながらラウドネスの1ｓｔアルバム『ＴＨＥ　ＢＩＲＴＨＤＡＹ ＥＶＥ～誕生前夜～』を手に入れた１９８1年11月のことだ。そして彼が実際に歌う姿を初めて目撃したのは、その翌月、今はなき東京・浅草国際劇場で行なわれた彼らのデビュー・コンサートを目撃した時のことだった。

二井原よりも一歳下にあたる筆者は、客席前方で頭を振りながら、時代が変わることを予感させられていた。もっと正確に言うならば、その感覚は「ついに自分たちの時代が来るぞ」というのに近かったかもしれない。ちょうどアイアン・メイデンをはじめ、70年代のハード・ロック・バンドとは一線を画するたたずまいをしたバンドが続々と登場し、英国で巻き起こっているという新しいムーヴメントについて情報を得るたびに行ったこともないロンドンに想いを馳せ、「どうせ日本は関係ないんだよなあ」などと思っていた当時のことだった。そこで僕の目を開かせてくれたのがラウドネスだった。勝手な決めつけは禁物だ、と思った。

ラウドネスはそれ以降、幾度となく、我々のなかに勝手に植え付けられていた固定観念や先入観といったものを覆し続けてきた。日本のバンドが全米チャートの上位にランクされたり、世界各国をツアーしてまわったりというのが夢物語でしかなかった時代に、彼らはそれを堂々と現実として提示してみせた。

そして現在、デビューから満37年を超えたラウドネスは、かつて志半ばで途絶えてしまっていた物語の先にある未来を掴み取ろうとしている。常にこのバンドとオーディエンスを繋いできた二井原実の視線の先にあるのも、そうした未だ見ぬ世界なのである。そこで重要なのは、彼らが「うまくいけばラッキー」といった軽々しい気持ちなのではなく、今もなお本気なのだということ。夢を諦めきれないのではなく、絶対に叶うと信じて疑わずにいるのだ。それは、よくある「信じ続ければきっと叶う」という希望的なポジティヴさとは違うものだと僕は考えている。彼らは自分たちが〝負けない〟のではなく〝勝てる〟力を持っていることを自覚し、しかも過去の躓きすらも糧にできていて、経験に裏付けられた知恵をも持ち合わせながら、ラウドネスの明日を確信しているのだ。

かつてこの国に自分たちの時代を呼び込んでみせたラウドネスは、今では年齢の意味するものも変えつつあるのかもしれない。本書発売から2年後、二井原は還暦を迎える。還暦というのは本卦還りとも呼ばれ、一種の生まれ直しとも意義付けられているものだが、40代に差し掛かる頃に多くのものを失った彼は、苦闘の末に本来の声を取り戻し、家庭を手に入れた瞬間にこそ、生まれ変わっていたのかもしれない。いや、もちろん実年齢というものには誰も抗えないわけだが、それでも彼はこれから先もパッションとエネルギーに満ちた歌声とライヴ・パフォーマンスで、最期の一瞬までロックし続けることが可能であることを証明してみせてくれるに違いない。

魂の真我、二井原実。栄光への旅路は、まだまだ続いていく。

二井原実ディスコグラフィ

DISCOGRAPHY

LOUDNESS

ALBUM / MINI ALBUM / MAXI SINGLE

1981年	THE BIRTHDAY EVE～誕生前夜～　1st ※第1期
1982年	DEVIL SOLDIER～戦慄の奇蹟～　2nd
1983年	THE LAW OF DEVIL'S LAND～魔界典章～　3rd
1984年	DISILLUSION～撃剣霊化～　4th
1984年	DISILLUSION（English Version）
1985年	THUNDER IN THE EAST　5th
1986年	SHADOWS OF WAR　6th
1986年	LIGHTNING STRIKES　SHADOWS OF WARのアメリカ発売用バージョン
1987年	HURRICANE EYES　7th
1987年	HURRICANE EYES（Japanese Version）
1988年	JEALOUSY　mini
2001年	SPIRITUAL CANOE ～輪廻転生～　15th　※第5期
2001年	PANDEMONIUM ～降臨幻術～　16th
2002年	BIOSPHERE～新世界～　17th
2004年	TERROR ～剥離～　18th
2004年	Racing -音速-　19th
2005年	Racing（English Version）
2005年	The Battleship MUSASHI　Maxi
2006年	BREAKING THE TABOO　20th
2008年	METAL MAD　21th
2009年	THE EVERLASTING -魂宗久遠-　22th　※第6期
2010年	KING OF PAIN 因果応報　23th
2011年	Eve to Dawn 旭日昇天　24th
2012年	2·0·1·2　25th
2014年	THE SUN WILL RISE AGAIN ～撃魂霊刀　26th
2015年	THE SUN WILL RISE AGAIN -US MIX
2015年	THUNDER IN THE EAST 30th Anniversary Edition Limited Edition / Ultimate Edition
2016年	LIGHTNING STRIKES 30th Anniversary Limited Edition

2017年	HURRICANE EYES 30th Anniversary Limited Edition
2018年	RISE TO GLORY -8118-　27th

SELF COVER ALBUM

2004年	ROCK SHOCK
2016年	SAMSARA FLIGHT ～輪廻飛翔～ 通常盤/完全期間限定生産盤

LIVE ALBUM

1983年	LIVE-LOUD-ALIVE LOUDNESS IN TOKYO　1st ※第1期
1986年	8186 LIVE　2nd※第1期
2001年	THE SOLDIER'S JUST CAME BACK-LIVE BEST　6th※第5期
2003年	LOUDNESS LIVE 2002　7th※第5期
2016年	"EARTHSHAKER×LOUDNESS" DISC:LOUDNESS
2017年	8186 Now and Then

BEST ALBUM

1986年	NEVER STAY HERE,NEVER FOGET YOU　初ベストアルバム
1989年	EARLY SINGLES
1991年	LOUD'N'RARE
1991年	LOUDEST　第1期と第2期のワーナー時代の曲を集めたベストアルバム
1991年	LOUDEST Ballad Collection
1996年	BEST SONG COLLECTION　コロムビア時代のベストアルバム
1996年	MASTERS OF LOUDNESS　おもにワーナー時代の曲を集めたベストアルバム
1997年	The Very Best of LOUDNESS　コロムビア時代のベストアルバム
2001年	BEST OF LOUDNESS 8688 ATLANTIC YEARS　第1期のワーナー時代の曲を収録
2001年	RE-MASTERPIECES THE BEST OF LOUDNESS おもに第1期の曲を収録。新曲として二井原ver.の「SOLDIER OF FORTUNE」を収録。
2005年	THE BEST OF REUNION　第5期の楽曲によるベスト。新曲「JACK」を収録。
2009年	GOLDEN★BEST～EARLY YEARS COLLECTION～
2012年	LOUDNESS BEST TRACKS -TOKUMA JAPAN YEARS-　3社合同企画の30周年記念盤
2012年	LOUDNESS BEST TRACKS -WARNER YEARS-　3社合同企画の30周年記念盤
2012年	LOUDNESS BEST TRACKS -COLUMBIA YEARS-　3社合同企画の30周年記念盤

2012年	SINGLE COLLECTION

BOX SET

1992年	LOUDNESS BOX
2007年	LOUDNESS COMPLETE BOX

VHS / DVD / Blu-ray （特記がなければ DVD）

1983年	LIVE-LOUD-ALIVE LOUDNESS IN TOKYO VHS / 2005年DVD化VHS / 2005年DVD化
1984年	EUROBOUNDS〜REMASTERED VHS / 2000年DVD化VHS / 2000年DVD化
1985年	THUNDER IN THE EAST VHS
1986年	LIVE IN TOKYO〜LIGHTNING STRIKES VHS / 2001年DVD化VHS / 2001年DVD化
1991年	VIDEO LOUDEST VHS / 2002年DVD化VHS / 2002年DVD化
2001年	THE SOLDIER'S JUST CAME BACK-LIVE BEST VHS / DVD
2002年	20th ANNIVERSARY PANDEMONIUM TOUR VHS / DVD
2003年	LIVE BIOSPHERE 2014年BD化
2003年	20020324 LOUD'N FEST VOL1 at CLUB CITTA' VHS
2004年	LIVE TERROR 2004 2014年BD化
2005年	Rock-Shocking the nation 2014年BD化
2005年	LIVE LIMITED EDIT AT GERMANY IN 2005 2014年BD化
2005年	LOUDNESS LIVE IN SEOUL 2005 12 05 OFFICIAL BOOTLEG DVD SERIES TWO
2006年	LOUDNESS in America 06 LIVE SHOCKS world circuit 2006 Chapter 1 2014年BD化
2007年	THANKS 25th ANNIVERSARY LOUDNESS LIVE at INTERNATIONAL FORUM 2006.11.25 2014年BD化
2008年	LOUDNESS LIVESHOCKS 2008 METAL MAD QUATTRO CIRCUIT 2015年BD化
2008年	THE LEGEND OF LOUDNESS〜Live Complete Best〜
2009年	MUNETAKA HIGUCHI FOREVER OUR HERO（2009 2.14 SHIBUYA C.C. LEMON HALL） 2014年BD化
2010年	CLASSIC LOUDNESS LIVE 2009 The Birthday Eve〜THUNDER IN THE EAST JAPAN TOUR 2014年BD化
2010年	MUNETAKA HIGUCHI FOREVER OUR HERO（2009 11.14 NAKANO SUNPLAZA HALL） 2014年BD化
2011年	LOUDNESS WORLD CIRCUIT 2010 COMPLETE LIVE DVD 2014年BD化
2011年	LOUDNESS thanks 30th anniversary 2010 LOUDNESS OFFICIAL FAN CLUB PRESENTS SERIES 1 2015年BD化
2012年	EVERLASTING MUNETAKA HIGUCHI2010 樋口宗孝追悼ライブ vol.2 2015年BD化
2012年	LOUDNESS 30th ANNIVERSARY WORLD TOUR IN USA 2011 LIVE&DOCUMENT 2015年BD化

2012年	LOUDNESS 2011-2012 LIVE&DOCUMENT in JAPAN
2013年	LOUDNESS 2012 Complete DVD ～Regular Edition Live&document～ 2015年BD化
2013年	LOUDNESS 2012 Complete DVD ～Limited Edition Live Collection～ 2015年BD化
2013年	BEST MUSIC VIDEOS
2013年	EVERLASTING MUNETAKA HIGUCHI 5th MEMORIAL LIVE 樋口宗孝追悼ライブ vol.4 2015年BD化
2014年	PRIME CUT MASTERPIECE SESSIONS~dedicated to Munetaka Higuchi
2014年	LOUDNESS COMPLETE LIVE DVD WORLD CIRCUIT 2013 2015年BD化
2017年	LOUDNESS JAPAN Tour 2017 "LIGHTNING STRIKES" 30th Anniversary 8117 at Zepp Tokyo 13 April, 2017 DVD / BD

COMPILATION

2005年	GO ! GO ! NAGAI Tribute to the 永井豪

DED CHAPLIN

1990年	1st 1st
1991年	Rock the Nation 2nd
1992年	FINAL REVOLUTION 3rd
1992年	The Best Works of DED CHAPLIN ベスト盤

SLY

1994年	$£¥ 1st
1995年	LONER mini
1995年	DREAMS OF DUST 2nd
1995年	LIVE KINGDOM COME '95 VHS
1996年	LIVE DREAMS OF DUST VHS
1996年	KEY 3rd
1998年	VULCAN WIND 4th

X.Y.Z. → A

ALBUM

1999年	Asian Typhoon 1st

2000年	Asian Typhoon -English Version-
2000年	METALIZATION 2nd
2000年	Miracle Maxi
2001年	METALIZATION -English Version-
2001年	A MILLION CARATS Maxi
2001年	NOBODY KNOWS ME(BUT ONLY HEAVEN) Maxi ※未唯withX.Y.Z.→A
2002年	LIFE 3rd
2003年	IV 4th
2004年	X.Y.Z.→ALIVE ライブ盤
2006年	WINGS 5th
2008年	A to Z ベスト盤
2009年	Learn from Yesterday! Live for Today! Hope for Tomorrow! 6th
2013年	SEVENTH HEAVEN 7th ※CD+DVD

VHS / DVD / Blu-ray

1999年	Don't let the sun go down～PV-clips～ VHS
2000年	THE X.Y.Z. STORY EARLY DAYS VHS
2001年	THE X.Y.Z.→A STORY 2 THE END OF CENTURY 100 GIGS WORLD TOUR VHS
2010年	Countdown To 10th Anniversary 10 Gigs FINAL!! ～Yesterday! Today! Tomorrow!～ DVD
2015年	A.B→O←X.Y.Z. ~Now&Then~ 4DVD+1CD。2000年、2001年作のDVD化+特典映像&音源

OTHERS

2003年	Rock To The Future 2002 BOWWOW vs X.Y.Z.→A DVD
2003年	Little By Little And Bit By Bit オムニバス・アルバム。NOBODY KNOWS ME(BUT ONLY HEAVEN)二井原version収録
2010年	Tribute to 聖飢魔II -悪魔との契約書- 聖飢魔IIトリビュート・アルバム
2011年	We Love Bakufu Slump 爆風スランプ・トリビュート・アルバム
2011年	Fumihiko Kitsutaka 25th Anniversary ~LIVE! DREAM CASTLE~ DVD
2016年	橘高文彦デビュー30周年記念LIVE "X.Y.Z.→A" BD

西寺実

2009年	ふぞろいのロックたち 其之壱

2009年	西寺実 Presents HARDなYAON 2009　DVD

SOLO WORKS

1989年	ONE
2006年	ASHES TO GLORY
2008年	MINORU NIIHARA LIVE!"R&R GYPSY SHOW"@KAGURAZAKA DIMENSION 2008.05.09-10 ライブ盤　※通販&ライブ会場限定販売
2011年	"Tower Of Power Night Live"at Live Bar X.Y.Z.→A 2011 March 13th　チャリティーCD

SESSION WORKS

1981年	サチコ　ニック・ニューサ　※コーラス参加
1982年	TUSK OF JAGUAR　高崎晃
1989年	THE SPIDERS COVER'S　かまやつひろし
1996年	Who do They think We are ? -A Tribute to Deep Purple From Japan ディープ・パープル・カバー・アルバム
1998年	COZY POWELL FOREVER　コージー・パウエル・トリビュート・アルバム
1999年	街は大騒ぎ!! ～Welcome to Mitara Funk City～ Tokyo Funk City ※テレビ番組 燃えろ!!ロボコン前期OP主題歌
2005年	LONG LIVE THE LOUD - THAT'S METAL LESSON II　POWERGOD
2008年	44MAGNUM TRIBUTE ALBUM　44マグナム・トリビュート・アルバム
2014年	歌うたい祭り「寿」　二井原実 はんだすなお ピアノデュオCD
2017年	橘高文彦デビュー30周年記念LIVE Blu-ray 4タイトル発売記念スペシャルイベント 2016.12.10 at Gibson Brands Showroom TOKYO "FULL VERSION DVD-R"　ゲスト出演

OTHERS

2009年	The Ascension　コナミゲーム『GuitarFreaksV6 BLAZING!!!!』、『DrumManiaV6 BLAZING!!!!』収録曲
2012年	FIGHT TILL YOU DIE　山佐パチスロ『押忍!!豪炎高校應援團 オリジナルサウンドトラック』収録曲

教則ソフト

2004年	二井原実 直伝 ロック・ヴォーカリスト養成塾　DVD
2007年	VOICE "warm up & training"　CD ※現在はダウンロード販売

※ここではシングル発売のみの作品を除く、二井原実が関わったほとんどの作品を掲載していますが、すべてではありません。リリース年月は初出を記しています。

ディスコグラフィ作成：関口真一郎

最新作

RISE TO GLORY-8118-

二井原実が「檄を飛ばすアルバム」と形容する、攻撃性とメロディ、そしてポジティブな勢いをラウドネス流に極めた最新作。

ワードレコーズ GQCS-90484
2018/ 1/26 Release

8186 Now and Then

2017年4月13日に行われた『8186 LIVE 』再現ツアー とオリジナル盤のリマスタリング がセットになったCD4枚組!!

ワーナーミュージック WPCL-12787/90
2017/12/13Release

SAMSARA FLIGHT ~輪廻飛翔~

ラウドネス 結成35周年を 記念して1st～3rdからセレクトされた曲を自ら再レコーディングしたアルバム。

日本コロムビア COCP-39624
2016 /7/6 Release

ザ・サン・ウィル・ライズ・アゲイン~撃魂霊刀~

『THUNDER IN THE EAST』の頃のラウドネスと現在進行形のラウドネスのテイストが凝縮一体化された傑作。

ユニバーサルインターナショナル UICN-1060
2014/6/4 Release

付録：経験則による断言！ 二井原実のヴォーカル四方山話

「自然な発声」とは何だろう？　それは要するに、「どこにも力みがない状態で発声する」ということだ。実は、これが結構難しい。とりわけ、「ロック・ヴォーカルは頭や喉に青筋を立ててシャウトすること」だと思っている人が多く、力任せに力んで歌う人をよく見かける。ま、これはこれで別に良いんだけれど、それでは2時間というステージは歌えない。それに「力んでいる」のは、歌うほうは当然しんどいけれど、聴くほうも辛いのだ。「力んでいる」状態は、何より、喉への負担が大きく、ポリープなど重大なトラブルの元になりかねない。

そこで「自然な発声」というテクニックの登場だ。普段、会話している時を思い出してほしい。その時の喉の状態はどこにも力みがなく、とてもリラックスしているはずだ（もし会話中でも「力んでいる」人は何らかの異常だ！耳鼻咽喉科へ直行!!　まずその異常を真っ先に治癒すべし！）。その会話の状態で「歌う」ことができれば最高。

もしあなたが、力んで歌う癖があり、「自然な発声」のやり方が分からないなら、次の方法で「自然な発声」を体感して欲しい。その方法は簡単だ。「仰向けに寝て発声する」、それだけだ。「仰向けの状態」は、どこにもストレスを与えず自然に発声できる状態である。赤ちゃんの泣き声を思い出してほしい。あの小さな身体からあの声量である。仰向けで発声する赤ちゃんを見習え、なのだ。自然な状態で発声すれば、赤ちゃんの泣き声のようにパワーが出せるのだ。

まずは「仰向けの状態」で「ア〜〜〜」と発声してみよう。普段との違いを感じるだろうか？（あまり違いがない人は、「自然な発声」ができている人だ）。要は、この感覚で立って歌えれば最高なんだ！

力んで歌うフォームが身に付いている人、あるいは発声フォームが崩れてしまっている人は、まず「力むフォームの矯正」をやろう！　僕自身、発声フォームが無茶苦茶に崩れて、声が全く出なくなった経験があり、時間をかけて「力まない発声フォーム」に矯正した。これは数日で矯正できるほど簡単なことではないけれど、時間をかけてじっくりと取り組めば、必ず矯正できるはずだ！

「力みのない声の出し方」とは？

声を出す仕組みをかいつまんで言うと、肺に息を吸い込み↓その息を吐く時に声帯を震わせ↓顔の骨格に音を共鳴させて↓声を出す、である。注目して欲しいのは、「呼吸」であり、「息」だ。力みのない声の出し方とは、無駄のない「息」の使い方なのである。バイクにエンジンをかけた時、必要以上にアクセルを上げるとエンジンが止まることがある。いわゆる「かぶり」というヤツだ。無駄に息を使って声を出すのは、この「かぶり」のような状態なのである。バイクは適切なガソリンの供給で快適なエンジン回転になる、同じことで、適切な息の吐き方で声帯を震わせるのが最も自然な発声状態なのである。

「無駄な息の使い方」をしているかどうかを見極める簡単な方法がある。それは息で唇を「ブルブル」と振るわせるリップロールという手法だ。もし「ブルブル」がすぐに止まってしまう人、全くできない人は「無駄な息使い」をやっている人だ。適切な呼吸が出来る人は、息が続く限り「ブルブル」させられる。では、どうやって適切な呼吸法に矯正するのか？　簡単だ。「ブルブル」ができるまでリップロールの練習をすれば良い。

すぐにリップロールが出来る人は数分でできるし、1日でできる人もいれば、数日、数週間かかってようやく出来るようになる人もいる。ちなみに、どうしてもできない人は、親指と人差指で頬を挟んでみるとやりやすいはずだ。とにかく、リップロールを習得することは適切な呼吸法を習得するためにとても有効だ。しかし、ここで断言しておく。具体的にリップロールの何がどう作用して適切な呼吸法になっているのかはわからん。これは俺の経験則じゃ！（笑）思うに、たぶんリップロールは「発声に必要な筋肉を適切な状態で動かす」ことなのではなかろうか？

具体的なやり方を書いておこう。自分の普段話している声を出してみて、その音より2〜3音低めの音を基本音とする。その基本音から音階をつけてリップロールしよう（トレーニングはピアノなど鍵盤系の楽器かピアノアプリなどを使ってやること）。

例えば基本音がドの音だとして、「ド・ミ・ソ・ド」とオクターブ上まで行って、今度は「ド・ソ・ミ・ド」と下がる。次に半音上げた音から始めて同じ音程間隔で上下を繰り返す。トップの音の裏声域が限界まで来たら、次は逆に半音ずつ下げていく。これを10分1セットで3セット。ここで注意すべきは、表声と裏声がスムーズに出るように心がけること。裏声になる声域に来たら力を抜くこと。絶対力んで出さないように！

リップロールができるようになったらそこで終わりではない。ここから歌を辞める時までリップロールとのお付き合いは続くのだ。特に歌う前は、リップロールでの声帯や顔の筋肉、喉の筋肉のウォームアップを20〜30分やること！　そうすれば確実に、歌い方、発声法が変化するのがわかるはずだ。

もっとこの辺に関して詳しく知りたい方はSeth Riggs著『Singing for The Stars』かロジャー・ラヴ著『〝歌う力〟をグングン引き出す ハリウッド・スタイル実力派ヴォーカリスト養成術』がお勧めです。また、YouTubeで「リップロール」検索すれば、トレーニング法も含めて、大変わかりやすい動画が出てきます。

音痴は直るのか?

結論から言うと、かなりの確率で音痴は矯正できる。音程が上手く取れない人の多くは自分の声が聴こえていないのが原因だが、音程矯正などを云々する前に、前述の「リップロール・トレーニング」で発声がスムーズにできるようになることから始めてほしい。音程の取れない人は、自分の声が聴こえていない以前に、まず自分の声のコントロールが出来ていない。大きな声を出し過ぎていたり、声が小さすぎたり、震えていたり……音程を気にする前に、声の出し方を安定させよう。

音程が悪い人はとりあえず、自分の耳に人差指を突っ込んで歌ってみよう。そこで自分の声をしっかり聞いて実感して欲しい。いきなり曲を歌うのではなく、「ド・レ・ミ・ファ・ソ・ファ・ミ・レ・ド」と上がったり下がったりを何度もやって、音程を丁寧に歌うことを体感して欲しい。できれば、同時に録音してみよう。録音して客観的に自分の音程を評価・判断することはとても大事だ。音程を取るという感覚がつかめたら、次は片耳に耳栓を詰めて曲を歌うことに挑戦だ。初めは歌いにくいけれど、慣れるまでの辛抱、少しずつ音程は矯正されるはずだ。自分の声を十分に把握して歌う習慣をつけよう。

バンドのヴォーカリストの場合は、モニター環境を良くすることが重要だ。楽器陣の音が大きすぎる場合は少し下げてもらうとか、しっかり自分の声が聴こえる環境を作ること。前述のように耳栓をつけて歌うと音程が安定するのでお勧めだ。そしてできればリハーサルをしっかり録音して、やはり客観的に自分の歌を評価・判断しよう。そうすれば自分自身が一番最高の歌の先生になれるはずだ!

カラオケの練習の場合、できればエコーなしで歌おう。本当はマイクを使う必要すらないんだけどね。カラオケでもマイクなしで歌ったほうが練習しやすいと思う。それと自分の音域に合った曲を選ぶこと。自分の音域をよく把握している人は、ピッチ・チェンジャーで自分の音域に合うように調整しよう。

音程を良くする方法として、「裏声」を鍛えるという方法がある。実際、裏声を出す練習によって僕は声が安定した上、高音域が安定して出せるようになった。音程は声帯を引き延ばす筋肉（輪状甲状筋）の動きが重要だが、裏声をトレーニングすることにより、輪状甲状筋が鍛えられて、動きを良くすることができるのだ。従って、裏声がスムーズに出るような発声練習を何度も何度もやるべきだ。力強い裏声が出るようになれば、歌声や音程、高音域も力強く安定する。ちなみに裏声で出せる最高音はあなたが出せる限界最高音でもある。高い声が出ないと悩んでいる方は、諦めないで裏声トレーニングしてください。裏声メソッドを詳しく知りたい方、その辺は弓場徹先生の書物に詳しいので、是非読んでみてください。

喉に良いものとは？

結論から言うと、身体に良いものは喉にも良い。逆に言うと、身体に悪い物は喉にも悪い。例えば、お酒、たばこはどうだろう？「歌う＝全身を使う」と考えれば、やはり身体に悪い食べ物、飲み物は、結果的に喉に悪影響を及ぼすと考えられる。のど飴など、喉に良いと言われているものはどうか？のど飴で喉が悪化することはないにしても、声帯にできた炎症が劇的に速攻で取れるということはまずない。喉の調子が悪いからといって、ライヴ直前にのど飴を舐めまくったところで、喉の調子が劇的に良くなることはまずないのだ。まぁ、スッキリするから気分的には良いとは思うが。そもそも、声帯がある場所と飲んだものが通る場所は違うことを考えると、声帯に直接影響を与えるような食べ物や飲み物はないといって良い。どちらにしても過ぎたるは及ばざるが如しである。のど飴、漢方薬、ビタミン剤……適量以上飲んでも意味がないのだ。ライヴ前だからと言って、増量したところで胃がもたれて不快な思いをするだけだ。薬にしても、すぐに劇的に声が良くなるものは無い。確かに、ステロイド注射という奥の手もあるけれど、これとて根本治療ではないのだ。いったん喉の調子が悪くなると、数日〜数週間の加療が必要となることを忘れてはならない。従って、日頃の喉のケアが大事となるのだ。

要は、歌い過ぎない、無理をしない、無茶な発声はしない、である。1日に歌う時間を決めるのも良いかもしれない。3時間以上は歌わないと決めるのも悪くない。

喉に良いこととは？

何はともあれ、睡眠である。睡眠が充分取れていれば体調は良い。体調が良いということは喉にも良いのだ。ぐっすり眠ることが一番重要だ。のどの調子が悪い時は、とりあえず「沈黙療法」だ。要するに声を出さないこと。声が出ない原因は声帯が腫れているからであり、声帯を休ませるしかないのだ。同時に、数日沈黙しても声が出ない場合は素人判断は危険だ。声帯にポリープや重大な病気が潜んでいるかもしれない、即耳鼻咽喉科へ行こう。

マスクに意味はあるのか？

声帯のことを考えた場合、マスク内の湿度は声帯に良いと考える。少なくとも、僕には充分良い効果がある。

僕は、飛行機の中、新幹線の中、ホテルの中、乾燥が気になったらすぐにマスクで喉に湿度を与える。湿度により喉や鼻を温かく保湿するので、活発な線毛運動を維持することで風邪のウィルスや細菌から守ることも期待できる。ただ、マスクは清潔なものを使うこと。一回使ったら捨てて新たなものを使うこと！　マスクをして寝るのも喉には非常によろしい！

ヴォーカルスクールは意味があるのか？

僕はマンツーマンで声楽の先生やヴォイストレーナーから専門的な発声アドバイスを受けたことがある。ヴォーカルスクールに通って歌のレッスンを受けた経験はないけれど、レコーディングのスタジオの現場で、現役プロヴォーカリストから直に歌い方やシャウトの仕方、リズムの取り方、フレージングなど、多岐にわたり直接指導してもらった。ヴォーカルスクールで得られることは多くあると思う。行けるなら一度は行ってみるべきだ。

マイマイク（機材）のすすめ

よくヴォーカリストは機材が少ないと言われるが、僕は機材の多いヴォーカリストだ。マイマイク（コンデンサーとダイナミックマイク、合わせて30本ほど）、マイマイク・スタンド、マイモニター（転がし）、マイモニター用ミキサー、マイワイヤレス・イヤモニ用トランスミッターとレシーバー、マイMTR、マイイヤモニ用カスタムイヤホン（15セット）……決して安価なものではありませんが、とても良い仕事してくれますよ!!

ヴォーカリストなら、せめて自分のマイクぐらいは買いましょう！　よく考えてください、カラオケや貸しスタジオにあるマイク、どんな人が口を付けて歌っていたのか分からんのよ!!　風邪でゲロゲロの人が、そのまま唾をべっとりマイクに垂らしていたかもしれんのよ!!　そのマイクに、あなたは今まさに唇を付けようとしている……ひゃ〜〜!!ギャァ〜〜〜!!オエェ〜〜〜〜!!不衛生極まりないでしょ！　病気感染を防ぐためにもヴォーカリストならマイマイクぐらいは持つべきじゃよ!!　どうせ買うなら、いろいろ調べてみるのも楽しいよ！　ちょっと高価なマイクでも買った日には一流のヴォーカリストの気分よ〜!!

ヴォーカリストの日常は？

ヴォーカリストは身体全身が楽器なので、とにかく健康でいることが大事だ！　では健康を維持するのはどうすれば良いのか？　ヴォーカリスト的健康法（特にツアー中）をあげていこう。

第一、クヨクヨ考えない

考えても仕方のないことは必要以上に悩まないことだ。悩んだってなるようにしかならないのだから、未来のことを考えても無駄なのよ。また過ぎてしまったことをクヨクヨ考えるのも時間の無駄だ。とりあえず、目の前のことを片付けることに集中するのだ。

第二、食べ過ぎない、飲み過ぎない

現代の人は食べ過ぎなのだ、内臓はすっかり疲弊しておる。1日3度の飯は本当に必要なのか？　空腹の時間

を作って胃腸や肝臓を休めてあげる時間を作るべきだ。僕は1日のうち16時間は食べない時間を作るようにしている。とにかく消化は大変エネルギーのいる運動だ。寝る前に食うなんて内臓が休む間もなく可哀想でしょ！

特にライヴ前にガツガツ食うなんてアホだ！　大事なエネルギーは歌うために使うべきなのだ。ステージではちょっと空腹気味がちょうど良い。

第三、よく寝る

寝れない時は無理に寝る必要はない。そのまま目をつむって横になっているだけで、身体は7割方回復すると言われている。眠れないからといって悩む必要はない。人間は必ず眠るのだ。疲弊した兵隊さんは爆弾が飛び交う下でもいびきをかいて眠るという。人間はそういうものだ。1〜2日ぐっすり眠れないからといって悩む必要はないのよ。

翌日ライヴがある日はどうすべきか？　誘惑に負けるな！　ヴォーカリストはオフステージの時間の過ごし方が重要なのよ。睡眠を阻害するようなものは絶対阻止だ。深酒、パーティ、不純異性交遊はご法度！　ゆっくり身体を休めて疲労回復に努めよう！

第四、身体を温める

あなたがヴォーカリストなら、季節関係なく、旅に出る時は小さく折りたためるダウンジャケットを肌身離さず持って行くべきだ。特に海外へ行く場合、絶対に小さく折りたためるダウンジャケットを持って行きなさい。飛行機の中、車の中、ホテルの中、絶対に役に立つから！　そしてスカーフやマフラー、バンダナを使って喉を温めよう！　ちょっとゾクッと来たら、背中側の首根っこの下あたりの風門と呼ばれる場所にホカロンを貼って温めると風邪予防になるよ！

第五、適度な有酸素運動

ヴォーカリストなら、持久力、心肺機能を高めるために水泳やウォーキングを毎日30分～1時間ほどやって欲しい。身体に良いことは喉にも良いのだ。

第六、読んで観て聴いて

たくさん本を読んで、映画を観て、音楽を聴いて、コンサートや芝居を観て、心に刺激を与えることだ。人生の時間はあなたが思っているほど長くはないのだ。明日死んでも悔いのない時間を過ごそう。さぁ～そのスマホのゲームを消しなさい！

第七、感謝して笑う

ステージ直前の楽屋とステージ袖でいつもやることがある。すべてのことに感謝して笑顔を作ることだ。笑顔が出来ない場合、口角を上げるだけでも良い。鏡に向かって笑って、自分の笑顔を見るのだ。笑顔は緊張をほぐしてくれる。これで、どんな大きなステージでも、平常心で臨めるのだ。

ステージに限らず、毎日の生活の中でも、1日に何度も笑顔を作ろう！　落ち込んだら笑おう！　緊張したら笑おう！　感謝して笑えば、だいたい上手くいく。

理由は分からないけれど、これも経験が教えてくれたのだ。

二井原実

1960年3月12日、大阪府出身。1981年、ラウドネスのヴォーカリストとしてプロ・デビュー。1980年代半ばには海外にも進出、ビルボードTOP100にチャートイン、マジソン・スクエア・ガーデンでライヴを行うなど、日本人初の快挙を次々に成し遂げる。1988年にはラウドネスを脱退するが、ソロ名義の他、デッド・チャップリン、SLY、X.Y.Z.→Aといったバンドのフロントマンとしても音楽活動を継続。2000年にはオリジナル・メンバーで活動することになったラウドネスに復帰、コンスタントにアルバムをリリースし続けている。ライヴ活動は日本国内にとどまらず、ヨーロッパを中心として、アメリカ、アジアの国々など、文字通りワールドワイドに行っており、世界中のファンを熱狂させ続けている。

二井原実 自伝　真我 Singer

著　二井原 実

2018 年 3 月 12 日　第 1 版 1 刷 発行
定価（本体 1,800 円＋税）
ISBN978-4-8456-3211-4

【発行所】
株式会社リットーミュージック
〒 101-0051 東京都千代田区神田神保町一丁目105 番地
https://www.rittor-music.co.jp/

発行人　古森 優
編集人　松本 大輔

【乱丁・落丁などのお問い合わせ】
TEL：03-6837-5017 ／ FAX：03-6837-5023
service @ rittor-music.co.jp
受付時間／ 10:00-12:00、13:00-17:30
（土日、祝祭日、年末年始の休業日を除く）

【書店様・販売会社様からのご注文受付】
リットーミュージック受注センター
TEL：048-424-2293 ／ FAX：048-424-2299

【本書の内容に関するお問い合わせ先】
info @ rittor-music.co.jp

本書の内容に関するご質問は、Ｅメールのみでお受けしております。お送りいただくメールの件名に「二井原実　自伝　真我 Singer」と記載してお送りください。ご質問の内容によりましては、しばらく時間をいただくことがございます。なお、電話やFAX、郵便でのご質問、本書記載内容の範囲を超えるご質問につきましてはお答えできませんので、あらかじめご了承ください。

◎編集長　小早川 実穂子
◎編集担当　杉坂 功太

◎デザイン　7STARS DESIGN
◎ DTP オペレート　杉山 勝彦、平井 朋宏（LOVIN'Graphic）
◎表紙撮影　ほりた よしか

◎取材
増田勇一

◎協力
株式会社カタナミュージック　隅田和男